Rappels

Jacques François

Rappels

Éditions J'ai lu

A Madeleine, sans qui rien ne serait.
A Cyril, grâce à qui tout sera.

Pudeur ou timidité ont presque toujours enveloppé les confidences que je souhaitais faire à mes proches ou à ceux que j'aime.

Un très court passage des célèbres Souvenirs et Pensées *du prince de Ligne, écrits vers 1780, m'obsède, depuis que j'ai un fils : « Mon père ne m'aimait pas. Je ne sais pourquoi, car nous ne nous connaissions pas. »*

Mon père ne m'aimait pas non plus et nous nous connaissions fort peu. En revanche, j'adore mon fils. Mais il y a trois ou quatre décennies de mon existence dont il ne sait à peu près rien.

J'ai donc éprouvé un ardent désir que lui, d'abord, et quelques autres, qui ont la bonté de s'intéresser à moi, fassent ma connaissance dans le silence de la lecture.

C'est une des raisons essentielles de la rédaction de ces Rappels.

Jacques FRANÇOIS, 1992.

1

De quoi se plaint-on ?

Tout a très mal commencé.

J'ai très tôt espéré être un bâtard de l'Assistance publique, voire de la S.P.A., et voilà que je n'étais qu'un petit garçon de l'avenue du Président-Wilson, élève des jésuites, rue Franklin, coincé entre une nurse anglaise et un valet de chambre qui, quelques décennies plus tard, eût été une vedette indiscutée des spectacles équivoques de la Grande Eugène.

Mes premiers et seuls souvenirs de « famille » sont marqués par la courtoisie glacée et les silences de plusieurs jours qui étaient d'usage entre mes parents. Leur mésentente devait mettre fin rapidement à la banalité fort morose de ma petite enfance.

Ils se séparèrent pour ne plus jamais se revoir ni s'adresser la parole lorsque j'avais cinq ans.

Ma mère avait, en effet, abandonné le domicile conjugal pour se lancer dans une série d'aventures qu'elle jugeait sentimentales et qui, je crois, l'étaient fort peu.

Je ne pouvais plus me précipiter dans ses bras quand j'avais trop de chagrin ou que les jésuites en avaient « fait un peu trop », comme on dit au théâtre, pour justifier leur réputation. Elle partie, il ne me restait plus pour me consoler et recevoir mes confidences que miss « What's her name » que je haïssais, ou le travesti qui me réveillait le matin et me couchait le soir avec une gentillesse et une pitié que je ne percevais pas à l'époque. Tous deux étaient restés auprès de mon père et de moi-même puisque, selon les décisions du tribunal qui avait prononcé le divorce, ce fut pour des raisons que je compris beaucoup plus tard qu'il eut ma garde.

J'appris très vite à jouer sur différents tableaux, à ruser avec un père qui se vengeait sur moi de la désertion de sa très jolie jeune femme américaine, et me faisait payer fort cher, en me terrorisant, un manquement à l'ordre, une note insuffisante, ou un retard de quelques instants à table. Je connais peu d'enfants qui, croyants et pratiquants, aient toujours accompagné leur prière d'un petit post-scriptum souhaitant que la puissante automobile de papa se fracasse contre un arbre ou que son train déraille. Telle était pourtant la fin de mes dévotions du soir.

Mon père était un homme prodigue sans en avoir vraiment les moyens. Il louait des villas dans le Midi, conduisait de somptueuses voitures de sport souvent impayées et recevait volontiers dans ses résidences d'été la dame de sa vie ou plutôt de l'année avec, éventuellement, le ou les enfants de sa conquête.

Une nuit, à Mougins, je partageais la chambre du fils de l'élue de l'été. Au milieu de mon sommeil je fus réveillé par un garçon de seize ou dix-sept ans qui se rendait à la salle de bains. Il avait manifestement rêvé à d'affriolantes dames pendant la première partie de la nuit. La chaleur était intense : il traversa la chambre sans pyjama et dans l'état de tout jeune homme normalement constitué après un rêve érotique. J'étais très pieux et j'avais huit ou dix ans. Devant ce spectacle insolite, je m'entends encore murmurer :

– Petit Jésus, faites, s'il vous plaît, que jamais semblable et horrible maladie ne m'atteigne.

Oserai-je ajouter que ma prière n'a pas été complètement exaucée ?

Ma mère n'avait aucun droit de regard sur mon éducation. Les nombreuses conquêtes de mon père trouvant sans doute quelque peu encombrant le dauphin éternellement mélancolique que j'étais, réussirent, sans beaucoup de mal, je suppose, à le convaincre que je recouvrerais l'équilibre dont chaque enfant a besoin en pension et que plus celle-ci serait lointaine, plus inébranlable deviendrait la stabilité de mon caractère.

Le collège de Fribourg en Suisse, était un enfer miniaturisé tenu par des marianistes, bons messieurs dont je me serais bien passé de faire la connaissance. La pension m'apparut comme une punition supplémentaire. Certains de mes camarades que je vois encore maintenant n'ont jamais souffert comme moi de cet exil et je crois que j'étais le seul qui assimilais cet endroit à une prison.

J'étais un enfant très sage, très discipliné, un peu terrorisé et très timide. Nous étions tenus de nous confesser tous les samedis à un prêtre de notre choix. Vint un samedi où je n'avais rien à me reprocher qui pût faire l'objet de pénitence mais il fallait respecter le règlement de la maison. J'eus beau chercher fébrilement dans la liste des péchés indiqués à la fin de mon catéchisme, rien ne convenait. Je finis par avoir une idée lumineuse et me présentai au père X en disant simplement :

– Bénissez-moi mon père car j'ai perdu la foi.

À quoi il répondit :

– Ça ne m'étonne pas de vous, imbécile, retournez en étude.

Seuls les trois premiers de la classe avaient droit à une chambre particulière. De ma vie je n'ai travaillé avec un tel acharnement malgré ma paresse !

Nous avions des vacances à Noël, à Pâques et en été. Les miennes étaient partagées équitablement entre ma mère et son ex-mari ; sauf une ou deux fois où, probablement gênant l'un et l'autre, je restai auprès des bons messieurs un peu étonnés, tandis que mes camarades s'envolaient vers la liberté.

Une partie de ces vacances dont mon père était la victime, se passait parfois chez son frère et sa belle-sœur qui avaient des enfants que j'adorais. Ils me faisaient partager leur séjour en me réapprenant la confiance et la tendresse. Pendant quelques semaines, chaque année, c'étaient eux mes vrais parents. Cette vie était sereine et réconfortante mais sans rien de très pittoresque. Ce qui le fut davantage fut le remariage de ma mère avec un chirurgien célèbre, qui eut l'élégance d'accepter sans se plaindre la compagnie, il faut bien le dire assez rare, du petit garçon, puis du grand garçon maussade que j'étais.

Mon beau-père avait ouvert le ventre de tout ce qui comptait en Europe et ailleurs. Il était passionné par les voyages et ne semblait nullement surpris d'avoir à me traîner derrière lui pendant l'été. Cela devait durer jusqu'à mon dix-huitième anniversaire, c'est-à-dire pendant onze ou douze ans.

J'ai éprouvé très tôt un goût immodéré pour la fréquentation de personnages d'exception. De là à être taxé de snobisme il n'y avait qu'un pas qui fut très largement et très tôt franchi. C'est un des griefs dont je suis encore aujourd'hui la victime indifférente. S'il y a snobisme à estimer que la gloire et la célébrité sont des états fascinants quand ils sont justifiés par le talent, la maîtrise d'un art quelconque, ou le miraculeux privilège qui fait de vous le descendant de ceux qui ont contribué à faire l'histoire d'un pays, d'un peuple ou d'une civilisation, je suis très snob, en dépit de l'origine généralement inconnue de ce terme.

Grâce à M. le Professeur, mon beau-père, les choses n'allaient pas s'arranger aux yeux de mes détracteurs.

Nous avons passé pendant environ quatre ans, un mois par été à Beauvallon, dans le Var. C'est là que j'ai appris à nager, il y a quelques années !

Saint-Tropez, de l'autre côté de la baie, était alors un petit village extraordinairement calme où des gens qui étaient vénérés chacun dans leur domaine, venaient se reposer. On pouvait encore considérer Saint-Tropez comme le bout du monde. Colette, Dunoyer de Segonzac, Luc-Albert Moreau, René Clair et quelques autres en avaient fait leur havre de prédilection.

J'y rencontrais une jeune fille, Annette, qui était la petite-fille d'Émile Ollivier, Premier ministre de Napoléon III à la fin désastreuse de son règne. Elle avait pour marraine la princesse Marie Bonaparte, qui avait épousé Georges de Grèce et de Danemark. Cette dame était la disciple bien-aimée et la traductrice en français de Sigmund Freud dont, jusqu'à ce qu'elle prononçât son nom devant moi, entre deux plongeons, j'ignorais l'existence. Marie Bonaparte nous enseignait la nuit le monde des étoiles, le pourquoi des météores, le passage des comètes. Ces soirées enchanteresses se terminaient par un bain nocturne dans une Méditerranée encore bouillante à cette époque.

Je suis dans le bonheur d'avoir rencontré chez elle et chez sa fille Eugénie, au « Lys de Mer », Sophie de Grèce alors petite fille, la future reine d'Espagne, Michel, futur roi de Roumanie, le prince Napoléon et beaucoup d'autres.

Nous changeâmes, un été, de lieu de vacances, ma mère, mon beau-père et moi. Nous partîmes pour Vevey, qui me parut sinistre et avait le malheur de me rappeler ma Suisse hivernale. L'hôtel était, si je m'en souviens bien, très somptueusement accablant, mais il y avait le lac et les bateaux à rames ! Ce n'était pas le rêve mais permettait à un petit garçon très isolé de se distraire un peu. Ma mère et mon beau-père, en pleine lune de miel prolongée, s'occupaient fort peu de moi et je m'ennuyais copieusement.

Un couple de vieillards avait droit au salut respectueux d'André Bergeret et de ma mère chaque fois que nous le croisions. Je les rencontrai un jour où, dans le parc, ils se promenaient paisiblement et assez joliment la main dans la main. Ils m'abordèrent et me demandèrent si je ne m'ennuyais pas trop. Je leur répondis que je ne m'amusais pas à la folie et, je ne sais quelle mouche me piquant, je leur répétai une phrase idiote prononcée à table par mon beau-père, phrase dont le sens m'échappait complètement. Mon ardent désir de m'exprimer comme un homme me la soufflait et je dis à ces charmants vieillards :

– Oui, tout cela n'est pas très drôle, mais ce qui l'est encore moins, c'est que cet hôtel soit bourré de juifs.

Après un court instant de silence, souriant, le vieux monsieur me dit :

– Nous repartons pour Paris tout à l'heure, tu diras au revoir à tes parents de la part de monsieur et madame Henri Bergson.

Nous nous quittâmes sans que j'eusse compris à qui je m'étais adressé, mais dans ma case chez le portier, le soir, je trouvai une petite plaquette que Bergson m'avait laissée en souvenir, avec cette dédicace : « À notre petit ami de Vevey pour qu'il sache qu'on ne trouve le bonheur qu'à condition de ne pas le chercher. » Je ne suis pas encore consolé d'avoir égaré ce livre.

L'ingénuité que je manifestais en racontant à mon père, quand je le retrouvais, ces petites anecdotes et le détail de mes vacances avec « l'autre » provoquait un torrent de sarcasmes, d'injures et de propos insultants pour saluer la façon grotesque dont « ils » me faisaient passer mes vacances.

Une autre année, dès le printemps, ma mère me fit faire un smoking blanc et tout un vestiaire flambant neuf sans que j'en connusse la raison. Quelques semaines plus tard, revenant de Fribourg, je trouvai sur mon bureau un billet pour la croisière inaugurale du *Champlain*. Il n'était pas question de songer à d'autres projets, elle et mon père étant déjà partis en voyage, chacun de son côté comme on s'en doute.

J'imagine aujourd'hui encore les questions que devaient se poser les passagers de ce paquebot, face à ce jeune homme de seize ans solitaire, en cabine de luxe, renfrogné, chagrin et ne parlant à personne. Ce voyage demeure un souvenir sinistre.

Tout continuait donc mal mis à part les séjours à Saint-Gervais, chez mon oncle et ma tante, où je retrouvais une véritable vie familiale, beaucoup plus de modestie et d'intelligence du cœur. Les pique-niques, les bains dans le lac de Combloux et les retours à Paris en « couchettes seconde » étaient beaucoup plus joyeux que les yachts et les palaces.

Un autre été, l'ambassadeur de Yougoslavie à Paris et sa femme, qui devait avoir eu quelques ennuis gastriques, invitèrent ma mère et mon beau-père dans leur villa de Bled, petit village superbe au bord d'un lac, dans leur pays. Je fus du voyage. Toute la journée comme à Vevey, je me promenais seul dans le jardin ou je ramais sur le lac, personne ne m'accordant la moindre attention sauf, au bout de quelques jours d'observation, notre hôtesse. Elle décida un matin que je devrais aller jouer et me baigner chez un jeune garçon de mon âge qui vivait, avec sa maman, dans une superbe propriété à quelques kilomètres de là. Dès lors, chaque jour, une puissante automobile que je rêve avoir été une Rolls, venait me chercher, et me raccompagnait le soir. Le jeune garçon en question était le roi Pierre II de Yougoslavie et qui, lui-même, s'ennuyait ferme. Sa maman était la reine Marie, veuve du roi Alexandre, assassiné à Marseille deux ou trois ans auparavant. Le roi Pierre était longiligne, timide et mélancolique. Nous étions faits pour nous entendre. Je pense qu'avec ce dernier souvenir estival le ministère public est servi... pour l'instant !

2

Pompon rouge

L'hiver, la Suisse reprenait ses droits. Je réintégrais la villa Saint-Jean, sorte de petit univers concentrationnaire de luxe qui n'avait de « villa » que le nom. L'heure du bachot approchant, les Français furent rapatriés chez eux, de même que les très nombreux Polonais, Américains ou Belges, pour y subir sans doute le même type d'examen. J'échouai à la première tentative. Je dus donc bachoter cet été-là à Saint-Jean-de-Luz sous une pluie battante. Ma mère y avait loué une maison. L'ennui était immense et la crainte d'un échec l'était presque autant. La seconde tentative heureusement réussit. Je choisis alors de passer ma dernière année d'études secondaires en philo, étant particulièrement nul en mathématiques et en physique.

Mon père choisit Janson-de-Sailly où j'eus pour condisciple Jean Dutourd qui, avant d'être académicien, était le coq de la classe. Il ne pouvait s'empêcher de nous faire sentir cruellement l'infériorité de notre innocence, dans tous les domaines, nous contant avec force éloquence l'importance de ses exploits. Je me fis recaler, selon l'usage, à l'épreuve de juillet.

Je l'ai revu bien après que nous avons quitté le lycée. Il m'a paru – heureusement pour lui –

inchangé. Il n'était plus le coq du lycée mais le coq des dîners auxquels nous assistions ensemble. Sans doute en souvenir du passé, il a toujours été cordial avec moi, à une exception près, que je lui ai difficilement pardonnée. Je jouais une pièce d'Anouilh et il est parti à l'entracte, ce qui m'a énormément froissé. Mais nous nous sommes revus, depuis, sans l'ombre d'une arrière-pensée.

La guerre approchait. Mon père, que le courage n'étouffait pas, s'était installé à Préfailles en Bretagne, où nous le rejoignîmes, sa maîtresse accompagnée de son fils et moi. Je rebachotai d'arrache-pied et je passai enfin mon bac de philo à Nantes en septembre. J'obtins une mention « bien », grâce à une épreuve de mathématiques très faible en coefficient mais très redoutée. Quand je m'y rendis, l'examinateur, ayant lu le nom de son collègue parisien sur mon carnet scolaire, ne me laissa pas ouvrir la bouche, ne tint aucun compte du 3 sur 30 qui y était inscrit, et, pendant un quart d'heure, me fit l'éloge attendri de son ami le plus cher à qui je prêtais moi aussi assez sournoisement les plus grandes qualités, alors qu'il s'agissait d'une affreuse vache. Il fut question d'Einstein et, je ne sais pourquoi, du père de Foucauld ! Je sortis triomphant du lycée de Nantes.

Entre-temps, mon grand-père mourut, ce qui me laissa de glace. Nous revînmes à Paris. Mon père était avocat. D'emblée je devais donc m'inscrire à la faculté de droit, mais j'avais décidé depuis toujours – il est temps que j'en parle – de faire du théâtre. Je n'en eus pas le temps car la guerre éclata. Enfin.

Il serait de très mauvais goût de dire que ce fut pour moi un jour de fête, mais j'y vis immédiatement une possibilité de m'échapper de mon enfance.

Pour dorée qu'elle paraisse, aux yeux de beaucoup, sa tristesse devait me marquer pour la vie.

Un de mes cousins germains, de la famille de ma mère, s'était engagé dans la Marine un peu avant 1939. Je me renseignai auprès de lui et, sous couvert d'un patriotisme ardent, je résolus de servir mon pays. Je fis part de ma décision d'abord à ma mère, qui l'approuva, et à mon père qui m'encouragea vivement. Ce dernier y voyait une manière élégante de se débarrasser de moi sans relever que cet engagement m'émancipait.

Après avoir été déclaré bon pour le service, je fus expédié à Toulon où je fis mes classes sur le cuirassé *l'Océan,* un bateau-école. Je n'aspirais nullement à devenir officier ni même officier-marinier ! Je dois l'avouer, je voyais dans cette équipée assez inattendue la promesse de la liberté et de l'indépendance et, inconsciemment, mon premier « rôle ». Bizarrement, ce sentiment exaltant de majorité anticipée et l'absence de tout contrôle familial me firent « encaisser » sans la moindre difficulté ou la moindre nostalgie, le passage du confort raffiné et excessif dans lequel j'avais vécu – à mes yeux devenu subitement d'une extrême vulgarité – à ce qu'on est convenu d'appeler la rudesse de la vie d'élève timonier, spécialité dite de pont, que j'avais choisie sur les conseils de mon cousin. La batterie où nous fixions nos hamacs pour la nuit, le quart de rouge, l'astiquage ininterrompu de cet énorme navire, les inspections de détail, le nettoyage de la boucherie de *l'Océan,* après tant et tant d'années où j'avais été « servi » dans les moindres détails de ma vie matérielle, me paraissaient une sorte de rêve. J'avais eu très peur que mon éducation « coincée » ne se remarquât à certains détails. Il n'en fut rien et je fus adopté immédiatement par mes camarades dont j'ai gardé, en ce qui concerne plusieurs d'entre eux, un souvenir chaleureux surtout celui d'un nommé Bras, qui, s'il me lit, se souviendra peut-être de moi.

Ma mère, toujours à la pointe de l'actualité, s'était éprise d'un officier de marine, qui, lorsque les réservistes furent rappelés fut, lui, envoyé, où, je vous le donne en mille, je vous le donne en cent : à Toulon ! Elle n'eut de cesse d'obtenir un permis de circuler et vint nous y voir, lui et moi qui ne nous connaissions évidemment pas. Elle poussa l'inconscience jusqu'à se présenter un jour où j'étais de faction à la passerelle de *l'Océan* ! Munie d'une énorme boîte de chocolats, elle réclama le commandant pour lui demander où était son fils ! Personne, en dehors du « pacha », ne sut que c'était ma mère, mais huit cents marins se bidonnèrent de voir, déambulant sur le pont, cette ravissante personne habillée par Lanvin.

Au bout de trois mois, je reçus ma ficelle de « matelot breveté » et je fus embarqué sur *le Corsaire*. C'était à l'époque le torpilleur le plus rapide du monde. Il n'y a plus de torpilleurs dans la flotte française, mais des escorteurs, appellation qui donne moins à rêver ou à frémir.

J'obtins enfin une première permission que je vins passer à Saint-Tropez, n'éprouvant pas l'envie de rejoindre mon père ou ma mère. Retour à Toulon : *le Corsaire* était parti ! On m'avait oublié ! Je fus finalement embarqué sur un bâtiment moins rapide et moins prestigieux : *la Palme*. C'est à son bord que je devais participer au combat de Mers el-Kébir, où beaucoup d'entre nous périrent.

Les Allemands avaient envahi la France. Nous étions vaincus. L'escadre de Méditerranée, dont la base était à Toulon, pour ne pas tomber aux mains des Allemands, était allée se réfugier à Mers el-Kébir, un port près d'Oran. Les navires avaient été désarmés. Après quelques jours, une escadre anglaise s'était postée face à nous et nous avait sommés de la suivre. Pas par amitié : les marins anglais et français se détestent depuis toujours, mais parce que les Anglais estimaient que les Allemands débarqueraient rapidement en Afrique du Nord – ce qui fut d'ailleurs le cas – et s'empareraient des navires français.

L'amiral français refusa de se rendre à la sommation. Après un ultimatum de quelques heures, la Royal Navy nous bombarda. Plusieurs bateaux furent coulés et 1 300 marins français tués. Non satisfaits de ce geste charmant, quelques jours après, pendant l'enterrement des victimes, les Anglais revinrent canarder le cimetière. C'est de ce mois de juillet 1940 que date ma « très grande sympathie » à l'égard des Anglais !

Souvent, depuis, je suis allé à Londres y séjourner ou professionnellement. Mais je n'ai pu oublier. Les Anglais sont des gens auxquels je n'ai pu m'accoutumer.

Je me souviens d'une réflexion que je me faisais sur la passerelle de *la Palme,* pendant la première journée tragique de Mers el-Kébir : « Vingt ans, c'est tout de même un peu tôt pour mourir. »

En principe, ce sort nous était réservé à tous puisque l'escadre était désarmée. Par miracle, quelques unités parvinrent à franchir les barrages de mines larguées par les Anglais et *la Palme* revint à Toulon. Nous avions perdu la guerre. Notre marine n'existait plus. Ce qui en restait allait sous peu se saborder. Je fus démobilisé et je rentrai à Paris, sain et sauf, muni de la croix de guerre, très transformé par cette longue expérience et, curieusement, n'ayant en rien renoncé à mes décisions antérieures de « faire du théâtre ». Jamais le souvenir du film *Entrée des artistes*, responsable de ma vocation, ne m'avait quitté !

Un événement important avait eu lieu pendant que j'étais embarqué sur *le Corsaire*. Mon père s'était réfugié à Lyon avec sa secrétaire, qu'il devait plus tard épouser. Il tenait, lui aussi, à me voir coiffé du pompon rouge. Il était donc venu sur la côte. Toulon étant trop éloigné pour lui il me fit savoir qu'il m'attendrait à Marseille, au bar du Cintra. Je m'y rendis un jour de permission et je lui appris la mort de mon cousin Gérard, neveu de ma mère, donc ne faisant plus partie de son univers à lui. Gérard avait été en quelque sorte, je l'ai dit, mon parrain dans la Marine. Il avait été tué à Dunkerque. Peu de temps avant la déclaration de la guerre, un autre de mes cousins (du côté de mon père cette fois) que j'aimais tout aussi fraternellement, s'était tué en montagne près de Chamonix. J'en avais été très affecté. La seule réflexion que ces deux malheurs suggérèrent à mon père fut celle-ci, dont il me fit part les yeux dans les yeux :

– Il est bien triste de penser qu'il y avait trois garçons dans la famille et que c'est toi qui restes.

Je lui demandai de bien vouloir répéter ce qu'il venait de dire, ce qu'il fit sans hésiter.

– Regardez-moi bien, c'est la dernière fois de votre vie que vous me voyez.

Je tins ma promesse pendant vingt ans.

3

Les trois coups

Ma mère avait très largement de quoi subvenir à mes besoins. Ravie de ma brouille avec mon père elle mit tout en œuvre pour se rendre indispensable, compréhensive et irremplaçable. Je devins immédiatement locataire d'un petit appartement charmant dont les fenêtres s'ouvraient sur le champ de courses d'Auteuil, fus équipé de pied en cap par un prestigieux tailleur et, rien n'étant refusé à mon illustre beau-père, je fus bientôt muni d'un *Ausweis* et d'une petite motocyclette. Pour des raisons qui aujourd'hui m'échappent encore, je fis quelques apparitions à la faculté de droit, tout en cherchant frénétiquement où l'on enseignait la comédie. En assistant un soir à la représentation de je ne sais quelle pièce, au théâtre Daunou, je remarquai dans le hall une affichette. Un cours d'art dramatique dirigé par Raymond Rouleau et Jean-Louis Barrault, avait lieu dans ce théâtre trois fois par semaine. Je m'y rendis le lendemain matin, glacé par l'émotion, sans avoir idée de ce qui pouvait s'y passer.

Rouleau et Barrault étaient déjà des vedettes importantes.

J'étais rarement allé au théâtre, je méprisais pourtant ce qu'on appelle le « boulevard ». Mes dieux s'appelaient Georges Pitoëff, Charles Dullin donc plutôt l'avant-garde dans laquelle je plaçais Rouleau et Barrault. Je les connaissais par le cinéma. Barrault avait mis en scène à la Comédie-Française, en 1943, *Le Soulier de satin*, de Paul Claudel. Je crois que je l'avais vu dans *La Symphonie fantastique*. En revanche sa propension au mime – il était l'élève d'Étienne Decroux –, m'ennuyait. Il devait le sentir et n'était pas particulièrement attiré par moi. Néanmoins, je n'imaginais pas mener une carrière qui ne se serait pas inscrite dans leur sillage.

Je me présentai rue Daunou durant le cours de Raymond Rouleau. Que voulais-je ? s'enquit son assistant. Je m'expliquai. Il me suggéra de travailler une scène classique et de revenir la présenter huit jours plus tard au « patron », qui jugerait alors de mon aptitude à devenir son élève.

J'avais assisté à une représentation des *Caprices de Marianne* au théâtre Montparnasse. Le rôle d'Octave paraissait me convenir. Je m'y attelai, ainsi, il est important de le souligner, qu'au rôle de Marianne et revins la semaine suivante rue Daunou, paralysé par le trac dont je devais faire, par la suite, plus ample connaissance.

Devant une petite salle d'élèves ironiques et bien décidés à emboîter le nouveau venu, je m'élançai sur le « vas-y » de Rouleau dans la scène des *Caprices*... mais en jouant les deux rôles, celui de Marianne et celui d'Octave... Un instant stupéfaits et silencieux, mes jeunes spectateurs en firent beaucoup dans le fou rire et les cris d'oiseaux. Je m'arrêtai, pantois, et j'entendis Raymond Rouleau leur dire :

– Bande de petits crétins, s'il n'y en a qu'un qui s'en sorte parmi vous tous ce sera peut-être lui !

C'était un peu excessif mais fort encourageant ! Ai-je besoin de décrire mon étonnement, puis mon mépris pour ces malheureux ? Le calme revenu et le cours fini, j'allai retrouver Rouleau pour le prier de me confirmer ce qu'il venait de dire. Il le fit avec un sérieux et une autorité qui ne me firent plus douter un instant que j'avais toujours eu raison de vouloir être acteur. J'avais des ailes ! Ma vraie vie commençait.

J'allais quitter le théâtre lorsqu'une élève très brune me rejoignit et me dit, avec un fort accent slave :

– Vous irrrez trrrrès loin !

Elle s'appelait Olga, devint très vite une merveilleuse amie, elle l'est toujours.

Rouleau était un excellent professeur, comme il fut souvent un excellent metteur en scène. Jean-Louis Barrault, lui, se spécialisait dans l'expression corporelle, le mime, qui m'a toujours fait tituber d'ennui. Je n'assistais jamais à ses cours, ce qui lui était indifférent. Le temps passait gentiment. Un peu d'expérience et d'audace, peut-être de cabotinage, s'emparaient de moi. Je fis vite table rase des amis bourgeois de ma jeunesse préthéâtrale, usant de messages enfantins pour expliquer aux uns et aux autres que leurs études, leur éducation, leur situation de fortune familiale, me levaient le cœur ! Seules m'importaient alors en effet l'estime et la confiance que pouvaient avoir en moi Dufilho, Mouloudji, Reggiani et autres. Je continuai, en revanche, à avoir un très joli appartement, des Chagall sur les murs, et une femme de chambre à mon service !

C'est la démonstration que je restais, Dieu merci, un enfant, comme presque tous les acteurs que j'allais connaître au cours des années qui suivirent.

L'Olga de ma première audition m'avoua un jour que, coupée de son pays, la Yougoslavie, par la guerre, elle se trouvait complètement démunie et qu'on venait de lui reprendre un studio que des amis lui avaient prêté, pour le rendre au peintre Touchagues qui l'habitait généralement. Je lui proposai de partager mon appartement et nous y vécûmes longtemps en amis.

Les semaines passaient rue Daunou dans la passion et l'impatience. J'avais imaginé que, du jour où j'aurais pris contact avec le théâtre et son monde, je jouerais la comédie le lendemain. Ce que je découvrais me fascinait. Travailler et voir travailler les autres m'enchantait, mais deux ou trois mois de ce régime me parurent interminables, surtout lorsque j'appris que cette attente pouvait se prolonger des années avant qu'un auteur, un metteur en scène ou un directeur fît appel à moi. Cependant, le miracle arriva, quatre mois après mon admission rue Daunou, c'est-à-dire avec une rapidité confondante.

Sacha Guitry organisait un gala à la Comédie-Française au bénéfice d'André Antoine, l'acteur et le directeur du Théâtre libre, le propagateur de l'esthétique naturaliste au théâtre. André Antoine, l'un des pères de la mise en scène moderne, voulait introduire « des tranches de vie » sur la scène. Par exemple, il n'avait pas craint de montrer des quartiers de viande dans *Les Bouchers* ou de la vraie paille pour son adaptation de *La Terre* de Zola. Il avait fait découvrir des auteurs comme Ibsen, Strindberg, Tolstoï, joués à l'Odéon et à la Comédie-Française. En quelque sorte, le théâtre rendait hommage au théâtre.

Après que tout ce qui comptait alors à Paris dans le spectacle, au cinéma, dans la musique et au music-hall eut fait son apparition, le rideau devait se baisser sur un jeune homme qui n'avait jamais encore joué la comédie, mais s'apprêtait à le faire. Une amie de mon beau-père, Hélène Perdrière, jeune première célèbre, jouait avec Guitry à ce moment-là. Ayant eu vent de sa recherche d'un néophyte, elle lui dit qu'elle connaissait la perle rare, me présenta à lui au théâtre de la Madeleine et il me demanda d'être ce débutant deux ou trois semaines plus tard. C'est-à-dire que j'avais attendu un trimestre environ, après ma décision de faire du théâtre, pour en faire vraiment, et dans quelles conditions !

J'assistai à toutes les répétitions du gala et, du dernier rang d'orchestre, je vis défiler sur la scène toutes mes idoles et toutes les célébrités du spectacle de cette époque. Le maître ne m'avait toujours pas remis mon texte. Je lui fis part de mon inquiétude. Il me répondit qu'elle était injustifiée et, la veille du grand jour, il me donna sa carte de visite sur laquelle étaient inscrits ces mots : « Et moi, monsieur Antoine, qui pour la première fois parle sur un théâtre, je vous dis merci... déjà ! » Je prononçais cette première réplique transporté d'émotion, de fierté et de peur, quelques secondes avant la fin de la soirée, devant une salle bondée et délirante. Deux jours plus tard, je recevais de Sacha Guitry ce mot qui est, depuis, encadré sur mon bureau : « On ne pouvait pas mieux débuter et vous avez été charmant. Bravo et merci. » Ma joie et ma fierté, on peut l'imaginer, étaient immenses.

Après ces débuts inoubliables dans cette soirée, baptisée par Jean-Louis Barrault en coulisses « le gala des cons » – ce qui ne l'empêcha nullement d'y participer avec un enthousiasme apparent –, j'estimai que désormais je n'avais plus rien à apprendre de qui que ce fût. J'étais devenu la vedette du cours de Raymond Rouleau et continuais de fréquenter la rue Daunou avec régularité.

À peu de temps de là, j'appris qu'Albert Willemetz faisait passer des auditions aux Bouffes-Parisiens pour une pièce qui allait incessamment y être montée. Je m'y précipitai, jouai une scène de *Britannicus*, et fus engagé sur-le-champ pour donner une courte réplique à Elvire Popesco. Elle fut exquise avec moi, encourageante et fort patiente devant ma maladresse. La pièce eut un succès très moyen. En d'autres temps, elle eût été un « four », mais, pendant la guerre, tout marchait, tant les gens avaient besoin de se distraire.

L'école Rouleau me parut bientôt un peu confidentielle. Un copain que j'avais là et qui éprouvait la même claustrophobie que moi me suggéra d'aller avec lui m'inscrire au cours Simon. Je ne doutai pas un instant qu'il s'agissait d'un cours dirigé par Michel Simon. C'est dire mon ingénuité. J'avais, comme tout le monde, la plus grande admiration pour l'interprète de *Boudu*. Ma surprise et, je puis l'écrire, ma déception furent grandes quand je me présentai à René Simon, qui régnait boulevard des Invalides. Autre surprise, il se révéla un très remarquable professeur, c'est-à-dire que, les années ayant passé, je me rends compte qu'il savait admirablement juger le genre de rôle que ses élèves allaient, la chance aidant, être appelés à jouer.

Puisque je viens d'évoquer la chance, c'est René Simon qui m'apprit ce qui s'est révélé tragiquement vrai pour tant d'acteurs : une carrière est construite sur 50 % de chance, 25 % de santé et 25 % de talent. À vingt ans, on a du mal à croire cette formule exacte ; plus tard, on s'aperçoit qu'elle l'est.

René Simon communiquait à ses élèves un enthousiasme et un acharnement au travail tout à fait extraordinaires. Mais il n'hésitait pas à conseiller une autre carrière à ceux dont il sentait que ce métier ne voudrait pas. Il se trompait rarement. Il eut pour élèves presque toutes les têtes d'affiche de notre temps. Je connus dans son cours des quantités de jeunes gens et de jeunes filles. Il me semble bien qu'une dizaine d'élèves de cette promotion a fait carrière. Sur cent cinquante aspirants à une place de choix au théâtre ou au cinéma, c'est peu, mais ces proportions sont les mêmes dans tous les cours d'art dramatique.

Pendant ce séjour chez René Simon, je fus appelé à jouer, à ma grande surprise, une pièce avec Pierre Fresnay, Yvonne Printemps, Marguerite Deval et Victor Boucher. Ces noms évoquent encore pour d'innombrables spectateurs la gloire du théâtre de l'avant et de l'après-guerre. La question se pose encore aujourd'hui pour moi de savoir pourquoi et comment Pierre Fresnay fit appel à moi. Je n'ose croire qu'un phénomène de transmission de pensée lui fit percevoir que j'étais en religion devant lui depuis que j'allais au spectacle. Il était mon modèle depuis que j'avais pris la décision de faire le même métier que lui et, il faut bien le dire, j'espérais de toutes mes forces être son héritier spirituel et artistique, et ce sans l'ombre d'un complexe de ma part. Il s'agissait d'un petit rôle dans la seule pièce écrite par Henri-Georges Clouzot, *Comédie en trois actes.*

Clouzot était très lié avec Pierre Fresnay auquel il ne ressemblait en rien, pourtant. Clouzot était une sorte de provocateur anarchiste et il avait écrit quelques chansons pour Marianne Oswald. Il avait surtout réalisé plusieurs films marquants. Sa réputation d'homme extrêmement violent n'était pas surfaite. Il arrivait, lorsqu'il dînait chez Drouant avec sa femme, Suzy Delair, qu'ils s'envoient des assiettes à la tête.

Je ne m'étendrai pas sur la pièce, elle n'en vaut, hélas, pas la peine. Clouzot devait montrer ailleurs son immense talent.

Yvonne Printemps et Fresnay avaient déjà leur théâtre, la Michodière. Curieusement, le codirecteur n'en était pas Fresnay mais Victor Boucher. Yvonne Printemps l'avait voulu ainsi.

Peu après les premières répétitions, Victor Boucher mourut. Il fut remplacé par Louis Salou, une extraordinaire découverte de Max Jacob et des Pitoëff, un acteur superbe autant qu'intelligent et inactuel dans le meilleur et dans le pire.

Les rapports entre Yvonne Printemps et Pierre Fresnay me scandalisaient. Jamais, je le jure, et j'ai beaucoup circulé, je n'ai vu un homme se faire traiter par une femme avec cette méchanceté, ce mépris, ce sadisme et, disons-le, cette grossièreté, sans autre réaction de sa part qu'une tendresse, un respect et un sang-froid infinis.

« Quel con, quel con, quel con ! » glapissait-elle en sortant de scène et en remontant dans sa loge après le dernier rappel. Il la suivait, nous aussi, et il savait que nous avions entendu. Il se retournait vers nous en souriant et murmurait :

– Moi, j'entends : " mon amour, mon amour, mon amour ! "

Les anecdotes les concernant sont innombrables dans mon souvenir malgré le peu de temps passé dans leur théâtre, mais je me rappelle avec une précision navrée un dîner donné pour eux par ma mère et mon beau-père. Placé non loin de moi, Pierre Fresnay me confiait qu'il avait le projet de jouer *Dom Juan* sous la direction de Charles Dullin. Par malheur, Yvonne Printemps, assise en face de lui au milieu de douze personnes, l'entendit, interrompit la conversation générale et lui dit :

– Qu'est-ce que vous racontez à Jacques, Fresnay ?

– Je lui dis que j'envisage de jouer *Dom Juan* chez Dullin, répondit-il.

Et elle à nous tous :

– Vous avez entendu ? il prétend jouer Dom Juan. Il a un mètre douze et des mains d'assassin. Levez-vous, Fresnay, et montrez vos mains.

– Mais, mouret (c'était le nom qu'il lui donnait), est-ce bien utile ?

– J'insiste.

Fresnay se leva et montra ses mains dans le silence horrifié de nos convives. Ma mère, que rien n'étonnait, rétablit la conversation générale.

La façon dont Yvonne Printemps parlait de Sacha Guitry, son précédent compagnon, était également d'une vulgarité insoutenable. Mais ces moments pénibles étaient effacés, le soir, par son charme en scène et la joie que j'éprouvais à me trouver en présence de celui qui était mon maître et l'est resté.

Après les représentations de la pièce de Clouzot à la Michodière, j'allais dire des vers chez Suzy Solidor, rue Sainte-Anne. Elle animait un cabaret bourré d'officiers allemands. Ils écoutaient d'une oreille distraite. Un soir, je récitai « Le Dormeur du val », de Rimbaud, qui s'achève par… « il a deux trous rouges au côté droit ». Cela me valut deux gifles gigantesques de ma patronne et amie, laquelle redoutait de voir fermer son établissement.

Parallèlement à ces activités professionnelles puisque je me considérais dès lors, et prématurément, comme un acteur chevronné, la vie intime continuait, assez à cloche-pied, il faut bien le dire.

J'avais fait une immense croix, je l'ai dit, sur tous ceux et toutes celles de mes relations qui sentaient la bourgeoisie. Mon enthousiasme, mon mauvais caractère et mon goût des situations claires aidant, je me souviens d'avoir écrit, sans raison aucune, des lettres insensées à des flirts ou même simplement des camarades de ce qui me semblait ma lointaine jeunesse de fils à papa, ou plutôt à beau-papa ! Je leur signifiais que je les plaignais d'être restés ce qu'ils étaient et les priais de ne pas être surpris de mon silence définitif.

Je me suis cru amoureux à deux ou trois reprises pendant les années que j'évoque ici. J'ai, un court instant, cru que Martine Carol était la femme de ma vie, alors qu'elle n'était qu'une copine du cours Simon et ne s'appelait pas encore Carol. J'ai cru… j'ai cru… j'ai cru… mais n'y sommes-nous pas tous passés !

Les vacances d'été à Saint Tropez ou ailleurs étant devenues impensables, j'étais naturellement membre du Racing Club de France où je bronzais en juillet et août. Tout ceci, hélas pour ma sensibilité et mon tact, me paraissait tout à fait normal ! La charmante Olga, dont j'ai parlé, tâtait discrètement de la Résistance, portant, je crois, ou recevant des lettres ou des manuscrits de pièces ou de romans venant de la zone libre. Si j'ai bonne mémoire, beaucoup de ce courrier était envoyé par un M. Tavernier, le père du futur réalisateur de films Bertrand Tavernier. Un jour, commencèrent à déferler place de la Porte-d'Autcuil des tombereaux de fleurs et Olga se fit plus rare que d'habitude. Elle s'épanouissait de jour en jour alors qu'elle était auparavant assez soucieuse, et, par la force des choses, peu coquette. Mon étonnement et ma curiosité augmentant, je l'interrogeai ! Que se passait-il dans sa vie ? Passait simplement un petit pharmacien lyonnais assez sympathique ! Elle ajouta, en baissant les yeux :

– Il est un peu, je crrrois, amourrreux de moi.

Je lui demandai de nous présenter et je rencontrai, lors de sa venue à Paris, un jeune homme fort intelligent, séduisant et très cultivé, fils du fondateur des entreprises Gifrer et Barbezat, affaire de produits pharmaceutiques installée à Decines, près de Lyon. Au-dessus de ces contingences, notre Olga n'était en rien touchée par ce dernier atout. Un soir elle m'annonça que Marc lui proposait de l'épouser mais qu'il n'en était malheureusement pas question, sa carrière théâtrale passant avant tout. Son avenir professionnel était à Paris. Avec une brutalité navrante, je lui expliquai que, malgré ses immenses et réelles qualités de tragédienne, rien ne prouvait qu'on aurait très vite besoin d'une Bérénice à accent monténégrin et douée d'un physique qui la plaçait dans une élite alors dominée par Maria Casarès. Je lui suggérai d'épouser au plus tôt le charmant Marc, ce qu'elle fit, en me demandant d'être son témoin. Depuis 1944 ces deux êtres exceptionnels et exquis vivent les yeux dans les yeux.

Marc avait un violon d'Ingres : l'édition. Il avait fondé une revue littéraire, *L'Arbalète*, dont le titre de gloire était d'avoir publié de nombreux écrivains alors peu connus ou inconnus : Genet, Queneau, Dubillard et tant d'autres. L'activité de la revue ne suffisant pas, *L'Arbalète* se mua en maison d'éditions. Je possède un tirage de *Querelle de Brest* de Genet, réalisé sur presse à bras, que Barbezat m'avait donné. Marc était et est resté un éditeur passionné, un véritable amoureux de la littérature.

Jean-François Lefebvre-Pontalis, un ami, m'avait confié le manuscrit du *Condamné à mort*. C'est moi qui le transmis à Marc Barbezat qui devint ainsi le premier éditeur des œuvres de Genet.

Ces activités théâtrales, amicales ou pseudo-amoureuses ne m'empêchèrent pas de souhaiter vivement, pour un temps, entrer à la Comédie-Française par le truchement d'un premier prix au Conservatoire dont je ne doutais pas. Je m'en ouvris à René Simon qui trouva l'idée bonne et m'engagea à travailler Alceste et Octave pour le concours. Je m'y attelai comme un forcené et me présentai, naturellement mort de peur, en septembre, rue de Madrid.

Il y avait à cette époque un classement au concours d'entrée. Je fus reçu second, le premier étant Gérard Philipe. Nous fûmes tous les deux choisis par le doyen des professeurs, Denis d'Inès. Je le trouvais consternant en tant qu'acteur, et découvris très vite qu'il était, en plus, un homme odieux. Gérard Philipe parvint à se faire muter dans la classe du prestigieux Georges Leroy. Moins adroit, je me retrouvai condamné à la classe-prison de Denis d'Inès. Nos rapports étaient fort tendus. Il n'avait aucune sympathie pour moi, je le sentais, même s'il m'avait choisi pour des qualités que je laissais entrevoir. Il devinait que je ne le supportais pas. Prétextant mon léger retard à l'un de ses cours, il fit des remarques fort désobligeantes sur ces petits-bourgeois qui imaginent que le théâtre les attend. Je répondis avec impertinence, ce qui me valut de recevoir une convocation au conseil de discipline. Je la renvoyai au dit conseil barrée d'un énorme mot de Cambronne au crayon rouge. Je ne retournai plus jamais rue de Madrid où j'étais resté moins de trois mois ! C'était peu quand on ne doute pas de devenir très rapidement sociétaire à part entière !

Je cessai de poursuivre mes études théâtrales chez René Simon.

Aujourd'hui, je souris quand un acteur ou une actrice affirme que tel professeur lui a tout appris. On n'apprend que deux choses à un futur acteur : la diction et ses propres limites. Mais la présence, l'aura, le mystère, la faculté de faire rire, d'émouvoir, ou de faire sangloter ne sont pas enseignables. Louis Salou disait deux répliques dans un Shakespeare chez Georges et Ludmilla Pitoëff. Les gens ignorant la pièce imaginaient que ce garde allait, d'un instant à l'autre, devenir le héros de l'histoire. C'est un don prodigieux qu'avait René Simon de discerner « l'emploi » de ses élèves, de les encourager, de prédire le début de leur carrière : trente ans, quarante ans, quand nous en avions vingt, c'était dur à entendre ! Il pouvait aussi leur suggérer assez rudement de ne pas perdre leur temps : un physique de rêve dure rarement toute la vie. Il aurait certes pu décourager huit élèves sur dix en leur conseillant de se recycler dans « les cuirs et peaux ». Il l'a dit à beaucoup, mais sur le ton de la plaisanterie, ce qui ne pouvait convaincre personne.

Peu après ma désertion du cours Simon, à qui, stupidement, j'en voulais de mes déconvenues au Conservatoire, j'appris qu'il existait une autre pépinière de jeunes talents au théâtre des Mathurins que dirigeaient et où enseignaient Marcel Herrand et Jean Marchat, acteurs éminents et directeurs ambitieux, curieux et rigoureux dans le choix de leurs spectacles.

Marcel Herrand était un homme d'une impertinence, d'une insolence, d'une cruauté rares. Il m'a beaucoup influencé. Je manquais de père spirituel. Il le devint en partie. Il sortait des vannes terribles et, sitôt dites, il en souffrait. « Je me suis ruiné chez les fleuristes pour réparer mes vacheries », répétait-il. Une expression que j'ai transformée, bien plus tard, en: « J'ai laissé une partie de ma dot chez Lachaume. » On veut être drôle et on est blessant alors que l'intention ne l'était pas.

La réputation théâtrale de Marcel Herrand était considérable. Sa troupe, le Rideau de Paris, avait créé entre autres *Solnesse le constructeur*. C'est aux Mathurins qu'avait débuté Maria Casarès: elle avait joué *Deïrdre des douleurs*, et *Le Voyage de Thésée*, de Georges Neveux. Elle faisait partie de la troupe avec Michel Auclair, Daniel Gélin. Jean Carmet y était régisseur. Il dormait dans le théâtre, ne sachant où coucher. C'est aux Mathurins que fut joué en 1944, *Le Malentendu* d'Albert Camus.

J'avais une admiration sans bornes pour l'élégance, le raffinement, la prestance de Marcel Herrand et, surtout, pour son goût si juste du théâtre. Très lié avec Marcel Jouhandeau, il participait aux dîners littéraires de Florence Gould à l'hôtel Meurice. C'était un vrai professionnel se donnant avec une fausse désinvolture l'apparence d'être un amateur.

Je sollicitai une place d'élève qui me fut accordée. Je passai aux Mathurins quelques-uns des mois les plus enchanteurs de ma vie d'apprenti acteur et de ma vie tout court ! J'y repense très souvent et chaque fois avec de bouleversants souvenirs d'un entrain, d'une gaieté et d'un enthousiasme que je n'ai retrouvés qu'assez rarement depuis.

Jean Marchat était plein de charme et de drôlerie inattendue. Il rendait la profession qu'il exerçait et qu'il tentait de nous faire aimer et respecter, aussi attrayante que possible. En regard de quoi, Marcel Herrand avait une forme de génie pour surprendre et pour créer des situations inextricables et d'une cocasserie que je n'ai jamais rencontrée ailleurs. Cependant, au bout de quelques minutes, on devinait chez lui une mélancolie, une sensibilité, un besoin de tendresse qu'il cachait avec un soin extrême, comme s'il en avait honte. Il était presque toujours incapable de résister à la joie que nous procurait un jugement d'une sévérité terrifiante ou d'une passion sauvage. Il l'émettait pour son bonheur d'abord et aussi pour éblouir sciemment sa cour d'adorateurs qui étaient prêts à tout pour lui être agréables ou faire partie du cercle de ses élus. Il n'y avait jamais chez lui l'ombre d'une arrière-pensée. Tous ceux qui de près ou de loin s'intéressaient ou s'intéressent encore au théâtre ou à ses coulisses savaient ou savent que Jean Marchat et Marcel Herrand formaient un couple. Leurs élèves ne l'ignoraient pas non plus. Je l'avais moi-même aussi perçu, si inexpérimenté que je fusse à l'époque des détours de la vie. Or, je n'ai jamais entendu deux êtres qui s'aimaient depuis si longtemps, avaient partagé pendant tant d'années les bonheurs, les succès, les déceptions et les échecs, se traiter avec une telle insolence et un tel mépris apparent : nous en restions pantois.

Un matin, pendant le cours qu'il donnait aux Mathurins, Marcel Herrand demanda brutalement à deux de ses élèves, qui passaient une scène, pourquoi ils s'interrompaient : « Quelqu'un désire parler à Marcel. » C'était Jean Marchat, qui venait lui présenter un inimaginable costume d'empereur romain ou de souverain asiatique pour une première représentation le soir même. Apostrophe de Marcel Herrand :

– Madame, ici nous faisons du théâtre. L'opérette et les revues se passent à côté, au théâtre Michel, chez Mme Parysis. Vous vous êtes trompée de local, madame !

On imagine la réaction de Marchat, la nôtre, le fou rire répondant aux vociférations et à la colère du codirecteur arrachant ses voiles et sa traîne de lamé ! Je n'ose pas ajouter que chaque cours était illustré par ce genre d'intermède, pour notre bonheur. Ce qui ne saurait faire oublier les comédiens qu'ils étaient. Le Lacenaire-Marcel Herrand des *Enfants du paradis* reste exemplaire.

Ils possédaient une charmante maison à Montfort-l'Amaury. Nous y étions par petits groupes assez régulièrement invités à passer le week-end. Ces courts séjours restent inoubliables. Ni l'un ni l'autre ne créaient jamais la moindre situation équivoque entre eux et leurs invités. Les plaisanteries, souvent fort scabreuses, qui illustraient les cours ou les répétitions de pièces n'étaient jamais accompagnées de malaise. Ils savaient l'un et l'autre parfaitement éviter les malentendus.

Je leur dois beaucoup, je le leur ai dit et le leur redis ici bien maladroitement sans doute.

Marcel et Jean parlaient très souvent, devant nous, de Jean Cocteau avec qui ils étaient très liés. Cocteau était une des gloires de Paris dans tous les domaines. Mon envie de le connaître était immense. Je n'osai leur demander de me présenter à lui et décidai donc de me présenter moi-même. Cocteau faisait à l'époque répéter Edwige Feuillère et Jean Marais au théâtre Hébertot dans *L'Aigle à deux têtes*. Je lui écrivis une lettre pour lui exprimer mon admiration et mon désir de l'approcher. À ma surprise enchantée, très peu de temps après, je reçus de lui une aimable invitation à venir les chercher, Jean Marais et lui, après la répétition, pour dîner avec eux dans un restaurant proche du théâtre. J'y allai très ému et très intimidé. Je ne sais pourquoi, Jean Marais ne nous rejoignit pas et je dînai pour cette première fois seul avec Jean Cocteau, qui fit instantanément ma conquête grâce à un monologue ininterrompu et brillant. Il parla beaucoup de lui, peu de théâtre et fort peu de moi. Il semble que la conquête fut réciproque. Je fus convié à venir selon mon désir rue de Montpensier où il habitait avec Jean Marais. Je ne me fis pas prier, on l'imagine, et je finis par déjeuner ou dîner avec eux, ou plus souvent seul avec Cocteau, une ou deux fois par semaine. J'eus le bonheur, grâce à lui, de rencontrer dans son minuscule entresol, dans des réceptions ou à des répétitions générales où il voulait bien m'emmener, nombre de célébrités de la littérature, du théâtre, de la danse ou de la peinture, Colette, Mireille, Serge Lifar ou Pablo Picasso. Une heure avec eux valait un siècle. Jean Cocteau n'avait pas que des amis. On a souvent dit qu'il était la bonté et l'indulgence personnifiées, c'est faux. Il était parfaitement conscient de sa valeur, il faudrait écrire de ses valeurs, de ses talents et du respect qui lui était dû. Il savait parfaitement, selon sa formule, jusqu'où on pouvait « aller trop loin » dans la familiarité ou l'espoir de le dominer. Roger Stéphane a très spirituellement et très exactement raconté le drame que fut pour Jean Cocteau la parution du livre de Claude Mauriac : *Cocteau ou la vérité du mensonge.* Il n'est pas douteux que ce livre avait infiniment blessé Jean Cocteau. Il mit au point un numéro de désespoir, de trahison, de serpent réchauffé dans son sein, d'un infarctus difficilement maîtrisé, extraordinairement brillant. Je me suis aperçu, cependant, en lisant les souvenirs de Roger Stéphane, que ce one-man show aurait pu être décrit avec la même véracité et la même exactitude par beaucoup d'autres, puisque j'ai moi-même assisté, au moindre détail près, aux crises de désespoir et d'écœurement que le fils de François Mauriac, dont on sait que le père ne fut pas toujours le meilleur ami de Cocteau, avait su provoquer.

On se souvient peut-être de la première de *Bacchus.* Alors que Cocteau le croyait un solide supporter, François Mauriac scandalisé avait quitté la salle en cours de représentation mêlé à d'autres protestataires. Une bataille d'*Hernani* en quelque sorte. D'où une longue brouille entre eux qui, pourtant, avaient de nombreux points communs.

Cette amitié avec Jean et l'émerveillement qu'elle provoquait en moi n'allaient pas sans créer quelques incidents au sein de ma famille. J'y parlais sans aucune retenue de nos rapports puisque rien ne pouvait à mes yeux leur donner le moindre aspect équivoque. Ce fut à cette heureuse époque que ma mère m'annonça que Simone Berriau, que je ne connaissais pas, avait dit à mon beau-père, dont elle était une patiente, qu'il aurait dû l'informer que j'étais homosexuel, puisqu'un instant elle avait songé, ajoutait-elle, à me faire épouser Héléna, sa fille, que je ne connaissais pas non plus et qui, de son côté, devait probablement ignorer mon existence. Cette nouvelle avait douloureusement surpris mon beau-père. Jean Cocteau fut aussitôt rendu responsable de mon éventuelle perdition. Je m'en ouvris à lui et il me demanda simplement de l'accompagner à la répétition générale du *Misanthrope* joué par Jean-Louis Barrault et Alice Cocéa et de bien vouloir offrir deux places pour ce même soir à ma mère. Il me demanda de le présenter à elle pendant l'entracte. Le numéro que fit Jean Cocteau à ma mère sur mon talent, mon succès auprès des jeunes filles et des jeunes femmes, son dégoût de tout ce qui pouvait être en quoi que ce soit efféminé, fut une telle réussite que, pendant des mois, cette question me fut posée :

– Il me semble qu'il y a bien longtemps que tu n'as pas vu notre ami Jean Cocteau ! Pourquoi ?

Mon beau-père n'eut qu'à se taire et tout rentra dans un ordre qu'il n'aurait jamais dû quitter. À cette générale consternante, je me rappelle avoir demandé à Cocteau ce qu'il allait pouvoir dire à Barrault et à Alice Cocéa en allant, comme faire se devait, les saluer après le spectacle.

– Ne te tracasse pas, fiston (puisque c'est ainsi qu'il m'a toujours appelé), tout est prévu !

Son arrivée était naturellement très attendue par Célimène et Alceste. Il prit un air bouleversé par le respect et l'admiration. Il les embrassa à tour de rôle et ne leur dit que ceci :

– Mon chéri, ma chérie, vous êtes tous les deux "stupéfiants". Il m'est impossible d'ajouter quoi que ce soit.

Je me suis moi-même bien souvent depuis servi de cette formule magique qui avait laissé ces deux grands acteurs, pour une fois engagés sur un mauvais rail, stupéfaits de bonheur.

4

Envoyons les couleurs !

Dans ce contexte ma vie intime n'existait pratiquement pas. Il ne peut être question, en effet, d'appeler vie intime quelques brèves et fugitives aventures amoureuses. Je les prenais au sérieux, elles me faisaient croire que mon cœur battait plus fort. Ce qui comptait pour moi à cette époque, c'était l'amitié, les amitiés. Je n'ai parlé depuis quelques pages que d'hommes et de femmes qui étaient en âge d'être mes parents. Ils me fascinaient beaucoup plus que ces derniers. Dans l'entourage de ces maîtres, je devins l'ami de quelques jeunes gens qui, commc moi, vouaient une religion à tel ou telle. Quelquefois, seuls l'ambition ou l'arrivisme les accrochaient à leurs basques. Je me souviens de Roland Petit faisant à Jean Cocteau une cour à ce point assidue que *Le Jeune Homme et la Mort* lui fut confié. Il fit avec Jean Babilée un triomphe de ce ballet. Il avait déjà obtenu que Picasso lui dessinât un rideau pour *Le Rendez-vous* au théâtre de la Cité. Jamais je n'ai rencontré chez quelqu'un de la Cité un tel acharnement à réussir. Mon éblouissement devant sa forme de génie créateur, mon estime et mon amitié pour lui et l'incomparable Zizi Jeanmaire, sa femme, n'en ont jamais souffert.

Michel Auclair était le fils spirituel de Marcel Herrand. Il ajouta donc tout naturellement son nom à la poignée de mes amis. Cette existence à Paris, pendant l'Occupation, qui très justement paraîtra infiniment choquante à beaucoup, me semblait normale. Je n'y avais fait que de très brèves haltes entre Fribourg, les lieux de vacances et mon engagement dans la Marine. J'avais si peu et si mal connu la France et sa capitale, non occupée, que, en dehors de quelques difficultés de transport et de ravitaillement je ne m'imaginais pas très bien ce que pouvait être la vie dans d'autres conditions. Cela ne devait pas durer, car un jour on se chargea de me mettre devant la douloureuse réalité.

Un organisme avait été créé, le Service du travail obligatoire. Sa fonction était d'envoyer en Allemagne de jeunes Français pour remplacer là-bas les Allemands mobilisés. Honnêtement, je dois avouer que l'occupant ne m'avait jamais terrorisé ni inquiété. Mis à part la délation, le problème juif et les rafles qui me révoltaient, j'avais l'ingénuité de croire qu'à partir du moment où l'on restait dans le rang, tout se déroulait normalement. Cette ingénuité devait disparaître le jour où, à mon tour, je fus convoqué pour le S.T.O. Je m'informai immédiatement de ce qu'il fallait faire pour y échapper. Le premier moyen était d'être en mauvaise santé ou de le laisser croire grâce à un séjour à l'hôpital sous n'importe quel prétexte. Mon beau-père aurait pu mettre à ma disposition tout son service de Saint-Antoine. Il refusa absolument de m'aider. Ses convictions l'auraient plutôt poussé à m'envoyer en

Allemagne un peu plus tôt que prévu. Il m'avait un instant conseillé de m'engager dans les Waffen S.S. ! Ce fut donc à un de ses collègues que je m'adressai, et non des moindres, puisqu'il s'agissait du professeur Lucien de Gennes. Il avait un service dans la clinique de la rue Piccini. Il m'hospitalisa d'urgence. Fort de sa protection, les démarches furent faites pour qu'on me considérât invalide, donc indisponible. Je restai quelques jours rue Piccini avec la complicité générale des assistants de Lucien de Gennes et de ses infirmières, puis une ambulance me transporta, alors que j'étais parfaitement en état de m'y rendre à bicyclette, jusqu'à la propriété que possédait ma mère à Saint-Martin-du-Tertre, près de Chantilly.

C'était un endroit charmant – où j'allais peu, n'aimant pas follement la campagne – et tout à fait indiqué pour recevoir un grand malade ! Les journées se passaient à lire, à écouter de la musique, à me baigner dans l'étang, à faire quelques escapades à Paris entre deux trains, souvent de marchandises ! Je profitais parfois de la voiture à gazogène de mon beau-père et de son chauffeur puisque, curieusement, il ne m'en voulut pas du tout de m'être dérobé à ce qu'il avait un jour un peu témérairement appelé « mon devoir ». Avait-il réfléchi ou était-ce pour éviter un éclat de ma mère ? Je ne saurais le dire.

Au cours d'une de ces journées passées à Paris, je rencontrai Christian Gérard, jeune premier et metteur en scène qui, à la station d'autobus de l'Alma, me demanda ce que je devenais. À l'exposé de ma situation parfaitement illégale, il m'offrit le rôle du « jeune homme » dans *Électre* de Jean Giraudoux qu'il montait au théâtre de l'Avenue.

Je trouvai donc là un autre alibi car, pour des raisons qui m'échappent, jouer dans une pièce ou tourner un film dispensait du S.T.O. Je sautai sur cette occasion inespérée et commençai quelques jours après avoir réintégré Paris, à répéter *Électre* avec Renée Devillers. Je n'ai gardé qu'un souvenir de cette petite aventure. Elle a été pour moi l'occasion de rencontrer Jean Giraudoux qui venait assister à toutes les répétitions avec son chien Puck. Il fut bien indulgent pour mon inexpérience et fort amical.

Parallèlement à cette brève apparition quotidienne je tournai grâce à l'amitié de Marcel Herrand et de Jean Marchat, dans un film dont Jean Marais et Michèle Alfa étaient les vedettes et que mettait en scène Jacques de Baroncelli : *Le Pavillon brûle*, tiré d'une pièce de Steve Passeur. Je n'avais que quelques jours de tournage. Par la suite, des contrats plus ou moins truqués dans leur étendue et s'enchaînant par miracle me firent éviter pendant l'Occupation le moindre ennui. C'est pourquoi je pense que j'en mesurais mal l'horreur.

Le métier de comédien, si peu de temps après avoir été abordé, commençait à me décevoir. J'en ressentais la futilité, l'irrégularité, et, malgré les occasions qui m'avaient si vite été données de rencontrer des gens tout à fait hors du commun, je me sentais lassé de tant de bruit pour rien ! Je jouai peu de temps après une pièce de Pierre Montaigne au théâtre de Poche. Elle passa un peu inaperçue mais j'avais enfin un rôle très important et je sais gré à son auteur, devenu un des piliers du *Figaro*, de me l'avoir confié.

L'autre côté de la rampe ou de la caméra parut assez rapidement me convenir davantage. La technique du théâtre et du cinéma me semblait sensiblement plus intéressante que celle de l'acteur.

Fernand Gravey, rencontré dans des circonstances que je suis incapable de me rappeler, et à qui j'avais confié mes jeunes et un peu rapides désillusions me recommanda à Marcel L'Herbier. Il préparait un film dans lequel il pourrait peut-être avoir besoin d'un assistant stagiaire. Après un bref entretien, il m'engagea dans la dix ou quinzième version du *Collier de la Reine* dont Viviane Romance devait être la vedette. J'étais au comble de la félicité. La notoriété du réalisateur et de cette dame était immense et je ne doutai pas un instant que là était ma nouvelle voie. J'allais sûrement y faire une carrière foudroyante. Mon rôle consistait à aller prévenir les acteurs qu'on les attendait sur le plateau, à leur servir à boire s'ils avaient soif et à leur remettre le soir la feuille de service du lendemain.

Monsieur L'Herbier n'était guère liant ni très décontracté, mais avec moi il se montrait d'une extrême amabilité. Mon aspect jeune homme du seizième arrondissement égaré dans les studios de Joinville devait sans doute l'amuser. Il portait perpétuellement des lunettes fumées, des gants en daim immaculés et un chapeau, tenue tout à fait insolite chez les techniciens du « cinématographe » (le mot « cinéma » lui étant inconnu).

Un jour où j'allais prévenir Viviane Romance que très bientôt il lui faudrait regagner le plateau, elle me confia – et c'était la première fois qu'elle m'adressait la parole – qu'elle n'était pas très satisfaite de ce qu'elle avait fait dans la séquence précédente, et, qu'ayant remarqué que Marcel L'Herbier me témoignait beaucoup de sympathie, elle me chargeait de lui demander ce qu'il pensait d'elle. Je me sentais devenu important. J'allai donc trouver notre maître à tous et lui fis part des inquiétudes de sa vedette.

– Dites-lui, s'il vous plaît, qu'elle ne s'inquiète pas trop. Elle n'était pas complètement impossible !

Telle fut ma mission.

Je sautai sur l'occasion de me donner de l'importance. J'allai retrouver Viviane Romance et, adoptant le célèbre ton L'Herbier, je répondis à son : « Alors ? », par un assez sarcastique :

– Ne soyez pas trop inquiète, madame, vous n'étiez pas complètement impossible !

Ai-je besoin d'ajouter que ce fut mon dernier jour de collaboration à ce film ?

À son « Ce sera lui ou moi ! » on la choisit, elle, si surprenant que cela pût paraître ! L'expérience acheva de me conforter dans l'opinion que le spectacle n'était pas un métier d'homme. Laurence Olivier l'a dit et écrit à maintes reprises. Sa première apparition sur un théâtre à l'occasion d'une fête de son école ne fut-elle pas dans le rôle de Catérina de la *Mégère apprivoisée* ? Il avait douze ans. Au même âge, je fis, moi, dans les mêmes circonstances, mes débuts dans le rôle d'Héloïse de *Gringoire* de Théodore de Banville.

Je me réfugiai à nouveau à Saint-Martin-du-Tertre dans l'attente de jours meilleurs, mais lesquels ?

J'ai dit deux mots à propos des multiples facettes du caractère de ma mère. Un jour l'effleura l'idée très originale que cette guerre avait assez duré, et que ces restrictions dans les fêtes, les voyages et l'élégance n'étaient plus supportables. Elle décida d'organiser dans sa jolie maison un souper,

« comme s'il n'y avait pas la guerre ! ». Ses amis la rejoindraient avec de quoi se mettre en grande tenue ; la femme de chambre et le chauffeur, promu maître d'hôtel, enfileraient des gants blancs, le phonographe rugirait, on dévaliserait la cave et on danserait jusqu'à l'aube, moment où le couvre-feu prenait fin ! Ce qui fut dit fut fait. Une douzaine d'amis intimes et téméraires donnèrent leur accord à cette grisante entreprise. Date fut prise et nous vîmes arriver de Paris avec, si j'ose écrire, armes et bagages, quelques-uns des meilleurs amis d'avant les « événements ».

Ma mère possédait un don d'organisation surprenant. Ni nous ni ses intimes les plus amusants et les plus élégants ne fûmes déçus par le début de cette petite fête à cinquante kilomètres de Paris. Tout se déroulait comme dans un rêve ou une soirée chez les Guermantes, lorsque, vers minuit, le chauffeur-valet de chambre vint annoncer qu'un officier allemand voulait voir « Madame ». Dans un grand éclat de rire, elle pria qu'on le fît entrer. Se présenta alors un colonel de la Wehrmacht, extrêmement fatigué, en uniforme fripé, l'air fort soucieux, suivi de son ordonnance dans un état pire que le sien. Un immense silence se fit et il déclara fort poliment qu'on lui avait indiqué que « la Clé des champs » était la maison la plus confortable de la région. Nommé commandant militaire d'une partie de la vallée de l'Oise, il avait décidé de s'y installer. Tout ceci ne serait qu'une histoire banale, à cette époque, s'il n'avait été reçu par des gens en smoking et en robe du soir et si, sur sa déclaration, qui aurait pu en laisser plus d'un anéanti, il n'avait été accueilli, à la faveur du dom-pérignon par des : « Mais quelle joie ! Vous êtes chez vous, colonel. Je vais vous montrer votre chambre, celle avec la vue sur Royaumont vous plaira sûrement. » C'était celle de mon beau-père. Ma mère alla jusqu'à ordonner à la cuisinière de préparer un petit souper sur un plateau pour notre invité, ce qu'elle refusa énergiquement de faire. Une amie le fit à sa place et, les uns aidant les autres, nous montâmes à sa chambre les bagages de cet honnête Bavarois. Il ne revenait pas de cet accueil, ce qui est assez compréhensible. L'ordonnance trouva son installation dans les communs parfaitement « *gemütlich* » et l'un et l'autre allèrent se coucher non sans quelques baisemains, ce qui ne surprit personne !

Le lendemain tous nos invités avaient disparu et la vie commença à s'organiser avec nos nouveaux copropriétaires. Ma mère, ivre de joie de son rôle de protectrice de la région, faisait l'intermédiaire entre le colonel et le maire de Saint-Martin pour obtenir un peu plus de lait ou un peu moins de réquisition de ceci ou de cela car, sous les ordres de Friedrich Hoberger, puisqu'il faut appeler l'envahisseur par son nom, toutes les communes environnantes étaient occupées par ses hommes. Il ne se soucia pas autrement de la présence d'un garçon de mon âge dans les parages, me prit en amitié et me demanda de lui faire découvrir la forêt de Jean-Jacques Rousseau, l'abbaye de Royaumont, le château de Chantilly, et autres merveilles, au volant de sa Mercedes. Si quelqu'un est outré en lisant ces lignes, qu'il se rassure : j'allais rapidement faire amende honorable. Nous n'allions pas jusqu'à appeler le colonel « Fritz », mais il s'en fallait de peu. Ce vaudeville durait depuis trois ou quatre mois lorsque le débarquement américain en Normandie eut lieu. Quelques semaines encore s'écoulèrent avant que notre hôte nous annonce que l'arrivée des Alliés les obligeait à quitter Saint-Martin en direction de la frontière allemande, lui et son régiment.

Son départ reste un souvenir impérissable. Ayant été très séduit par ma mère, il décida de lui offrir un dîner d'adieu sur la pelouse de sa propre maison, servi par son ordonnance dans le plus pur style ultra-protocolaire, à la Wittelsbach. Je dois dire que je trouvais que c'était aller un peu loin. La pelouse donnait sur la grille de la propriété derrière laquelle passait et repassait la petite population de Saint-Martin. Je déclinai donc cette charmante invitation et assistai des fenêtres de la petite maison qui était la mienne, à côté de la grande, au spectacle surréaliste de ma mère, dans une robe d'intérieur signée Robert Piguet, dînant en plein air, sur une table éclairée par des bougies, avec le colonel en uniforme blanc, servis par une ordonnance gantée. Au dessert, une petite formation de trois musiciens du régiment vinrent leur donner une sérénade. Tout le village assistait au spectacle derrière la grille principale. Je m'attendais au pire. Rien ne se passa, et quand je dis « rien » je veux dire que pas un sourire, pas un rire, pas un murmure de désapprobation ne souligna l'incongruité de ce que ces malheureux avaient sous les yeux. Ce fut, au pied de la lettre, inimaginable ! Mais ce qui le fut bien davantage fut le départ, le lendemain, des occupants allemands, devant des villageois au bord des larmes. Les sommets du fantastique furent atteints moins d'une heure après le départ de Fritz et de ses troupes. Ma mère, brandissant un petit drapeau étoilé et son passeport américain, alla trouver le maire du village. Elle reçut d'abord ses remerciements pour ce qu'elle avait fait pour la commune pendant son occupation, puis elle lui offrit ses services pour faciliter ses rapports avec les nouveaux envahisseurs qui, eux, étaient ses compatriotes. Je m'attendais à ce qu'on lui rasât les cheveux sur la place du village, or c'est pratiquement couronnée que je la vis revenir.

5

Faites entrer le Reichmarschall
... et quelques autres !

Cette guerre n'avait pas, pour nous, manqué de pittoresque, quoique cet adjectif puisse paraître de mauvais goût se rapportant à d'aussi tragiques années. Un pittoresque, hélas ! qui ne m'empêchait pas de mesurer l'extraordinaire monstruosité de tout ce dont j'avais été le témoin depuis Mers el-Kébir. Le temps ne me faisait pas défaut pour réfléchir. Je mesurais du même coup, une fois de plus, la vanité de la carrière que j'avais choisie. Elle ne m'avait pas encore à ce jour donné de bien grandes satisfactions, et j'ai toujours été un « homme pressé ».

Je décidai donc d'en finir une fois pour toutes avec ce métier. C'était une résolution qui n'était qu'une répétition de celle que j'avais déjà prise plusieurs fois.

Les troupes américaines gagnaient tous les jours un peu plus de terrain, mais ni la France ni ses voisins n'étaient encore débarrassés de l'occupation allemande. Non sans une immodestie incontrôlée, je ne vis qu'une seule solution pour donner un sens à mon existence : celle de me mêler d'aussi près que possible à ce qui se passait en Europe. Paris libéré, mon beau-père et Pierre Fresnay furent immédiatement envoyés à Fresnes pour y réfléchir sur leur manque de chaleur pour le mouvement de la Résistance à défaut de tout geste collaborateur. On a raconté en détail et beaucoup plus savamment et plus historiquement que je ne saurais le faire ce que fut cette Libération. Elle aurait dû nous laisser à tous une grande impression de bonheur, or les ignominies, les délations, les lessives ou les vengeances personnelles dont elle fut le prétexte me levèrent à ce point le cœur que je n'aspirais plus qu'à une chose : ne plus entendre parler de ce pays.

Je vais encore me faire quelques amis en écrivant les lignes qui précèdent, mais je n'en ai cure. Je n'ai jamais changé d'avis à ce sujet précis. Une sœur de ma mère m'apprit que les forces américaines étaient à la recherche de volontaires bilingues dans tous les pays qu'elles libéraient pour les aider dans l'inextricable tâche de la libération des camps de prisonniers ou de déportés et le rapatriement de tous les malheureux qui y étaient détenus depuis des années. Il y avait deux ou trois mois d'entraînement à subir dans une école d'officiers de liaison faisant partie de l'armée américaine, à Romilly, près de Troyes. On signait un engagement d'un an dans l'armée américaine renouvelable bilatéralement. On sortait de cette école avec le grade de sous-lieutenant dans les deux armées alliées.

Je n'hésitai pas un instant et obtins mon admission à Romilly. Après un temps d'entraînement intensif, je fus reçu à l'examen et eus pour affectation l'état-major, alors très itinérant, de la Septième Armée américaine, qui se trouvait à Lunéville. Je repassai rapidement par Paris, où je trouvai, on l'imagine, moyen de me faire faire un uniforme convenable, et je rejoignis l'École militaire où m'attendaient un officier américain, son chauffeur et sa jeep. Eux aussi allaient rejoindre la Septième Armée et étaient chargés de m'emmener à son état-major. Cet officier fut, je le dis en toute modestie, stupéfait par la façon dont je parlais anglais. Il fut extraordinairement loquace pendant tout le trajet sur des routes défoncées, et par un froid transperçant. Subsiste de ce voyage le souvenir d'une halte indispensable où il me pria de l'aider à extraire de son pantalon ce qui lui était nécessaire pour se sentir à l'aise, l'objet ayant tellement rétréci et ses doigts étant devenus tellement gourds par cette température, qu'il ne pouvait s'en sortir tout seul ! La décontraction américaine, que j'ai abondamment pratiquée et connue par la suite, se manifestait ainsi pour la première fois !

Les bureaux de l'état-major étaient installés dans l'immense, vétuste et magnifique caserne de Lunéville. Une nuit nous reçûmes l'ordre, chacun dans notre logement réquisitionné, de faire notre barda au plus tôt. Tout l'état-major se transportait à Saverne. Il nous fut indiqué que nous y resterions un bon moment et que nous avions intérêt à nous y installer le mieux possible. Je commençai par trouver dans les environs une maison assez confortable où un couple fort affable m'accueillit avec mon billet de logement et le lendemain je réquisitionnai une Onze légère Citroën sous les jurons justifiés de son propriétaire. Les quelques semaines que nous passâmes à Saverne me permirent surtout de connaître mes collègues américains, de m'habituer à leur manière de travailler, de manger et de rire. C'était beaucoup à apprendre à la fois mais c'était passionnant. Pas une fois, je le jure, je ne me pris à regretter mon engagement vieux de quelques mois. Je me sentais enfin utile. Nous élaborions alors sur plan la libération et l'évacuation des prisonniers ou déportés qui se trouvaient sur la route que nous allions suivre. J'avais très peu affaire à mes collègues français attachés comme moi, mais dans d'autres services, à l'état-major. Ils étaient perpétuellement en permission, ce qui peut sembler étrange. Je me trouvai donc les trois quarts du temps le seul Français de cet énorme état-major. Je fus enfin présenté au commandant en chef, le général Patch. Homme d'une grande distinction et d'un grand charme. Il eut l'amabilité de m'inviter ce jour-là à partager son dîner dans le superbe château qu'il habitait. Je ne le revis qu'une fois en un an.

Beaucoup de Français, ayant appris l'existence d'un de leurs compatriotes parmi les Américains, venaient me solliciter pour tenter d'arranger leurs affaires. Je faisais de mon mieux malgré la monumentale paperasserie américaine par laquelle il fallait bien passer. Cette bureaucratie ne devait pas s'éterniser. Comme à Lunéville, nous reçûmes abruptement l'ordre de partir pour Augsbourg, qui venait d'être investie par l'avance des troupes alliées en Bavière.

Augsbourg fut une très longue étape dans ma vie d'officier franco-américain. Il s'y passa des choses ahurissantes, bouleversantes, cocasses ou tragiques.

Au fur et à mesure de son avance, la Septième Armée libérait des camps de prisonniers dont nous étions chargés d'assurer le rapatriement, ce qui n'allait pas sans d'innombrables difficultés. Les malheureux pensionnaires des stalags ou des oflags n'arrivaient pas, en effet, à comprendre pourquoi ils n'étaient pas reconduits chez eux par le premier train ou le premier avion militaire, après des années derrière les barbelés. Les insultes que j'ai pu recevoir, les menaces et, rarement, mais quelquefois heureusement, les remerciements de mes compatriotes libérés sont, après tant d'années de distance, inracontables. Il eût fallu que ces malheureux fussent au courant de la prudence, du respect des règlements, de la terreur des microbes qui règnent dans toute organisation ou dans toute âme américaine, pour nous pardonner nos retards et nos délais. C'était impossible. Non seulement on libérait des camps de prisonniers, mais, de temps à autre, on débusquait un personnage de marque planqué chez un ami de la « belle époque » nazie, espérant ainsi passer inaperçu.

Un matin, mon sergent-secrétaire vint me prévenir qu'aucun autre officier spécialiste ne se trouvant disponible, on m'amenait, pour que je m'en occupe, jusqu'à ce que l'échelon supérieur en prenne possession, un officier général allemand qui déclarait être le maréchal du Reich Hermann Goering. Un instant plus tard, encadré par quatre soldats, entra dans mon bureau le Reichmarschall que bien entendu je reconnus immédiatement d'après ses photographies. Il avait considérablement maigri, portait un uniforme très clair et très fatigué et paraissait à bout de forces. Il réussit à claquer des talons avec assez grande allure et se présenta. Je me levai, sans toutefois claquer des talons, lui fis signe de s'asseoir et lui fis dire par un interprète que l'on était à la recherche d'officiers chargés des ressortissants allemands, et qu'il lui fallait patienter un peu. Il me tint un assez long discours où je discernai des remerciements courtois mais que l'interprète ne crut pas devoir me traduire. Je lui offris une cigarette et nous restâmes face à face pendant à peu près une demi-heure que j'employai à des écritures fictives pour dissimuler ma stupéfaction, et surtout, je puis le dire, mon trac. Enfin, on vint le chercher, il reclaqua les talons, me salua de la tête et je me retrouvai seul en proie à toutes les réflexions que l'on imagine sur la fuite du temps, de la gloire et des honneurs, et les complicités monstrueuses, ne me doutant pas encore qu'il allait à la pendaison, évitée par son suicide après le procès de Nuremberg.

La chute de cette courte histoire est assez savoureuse. Je subis de la part de mes supérieurs américains trois jours d'arrêt de rigueur pour m'être levé à l'entrée du maréchal et lui avoir offert un siège et une cigarette. Je ne fis qu'en sourire et j'en souris encore. On approuvera ou pas, qu'importe. J'avais été un petit garçon bien élevé, l'homme très jeune que j'étais tâchait de le rester !

Quelques nuits plus tard, le téléphone retentit dans la maison que j'habitais dans les faubourgs d'Augsbourg, dont il ne restait pas pierre sur pierre. Au bout du fil, un officier américain du même service que le mien m'apprenait qu'on avait libéré le château d'Itter, dans le Tyrol, et qu'on venait d'amener à l'état-major, un groupe de Français. Ils causaient beaucoup d'embarras, prétendaient avoir droit à des égards, étant des gens de la plus haute importance. C'était, disait-il, assez vraisemblable, vu leur installation à Itter et la présence des femmes de deux ou trois d'entre eux. À lui, en revanche, leurs noms ne signifiaient évidemment absolument rien. En un mot, il était urgent que j'arrive à mon bureau. Dans une antichambre précédant mon lieu de travail, je me trouvai subitement en présence de quelques Français que je me contenterai d'identifier : le général Gamelin, le général et madame Weygand, Édouard Daladier, Jean Borotra, le président Paul Reynaud accompagné d'une jeune femme dont j'ai oublié le nom, un des chefs du parti communiste français dont le nom m'échappe égalemcnt aujourd'hui et la sœur du général de Gaulle.

Se voir confier au très jeune officier français que j'étais fut, vers deux heures du matin, après une longue détention et un long voyage, une cruelle déception pour ces récents et illustres libérés. Je me présentai, expliquai ma fonction et tentai de les rassurer sur leur avenir immédiat en leur affirmant que, bien entendu, une fois la nuit passée, les plus hautes autorités de l'état-major se chargeraient d'eux, de leur confort et de leur rapatriement.

La façon dont nous fûmes accueillis, moi et mon discours, fut extrêmement variable : parfaitement courtoise de la part du général et de madame Weygand ou de Jean Borotra, incolore de la part du général Gamelin et d'Édouard Daladier et franchement odieuse de la part de Paul Reynaud et de sa compagne. L'heure n'étant pas aux mondanités, on l'aura vite compris, quelques-uns de mes dévoués camarades de garde cette nuit-là et moi nous mîmes à la recherche de locaux pouvant abriter ces dames et ces messieurs. Je l'ai dit, Augsbourg était en ruine. Malgré cela, on trouva une chambre pour chacun, dans une maison dont on fit déguerpir les occupants.

Pour me simplifier la tâche, je dois ajouter que beaucoup de ces « passants » ne s'adressaient pas la parole. Vers quatre heures du matin, ayant enfin pris congé d'eux pour quelques heures, je m'apprêtais à remonter dans ma voiture et à regagner mon lit, hagard de fatigue et bouleversé, car rien de tout cela, je pense, n'eût pu laisser qui que ce fût indifférent, lorsqu'une voix m'appela, que je ne reconnus pas immédiatement. Il n'était pas question, me criait-on, de coucher dans une maison dont les fenêtres n'avaient pas de carreaux. Je devinai dans ce chevrotement la voix du général Gamelin, voix qui correspondait à l'un des physiques les plus anodins que l'on puisse rencontrer. Je lui exposai le plus poliment du monde qu'il n'y avait pas à Augsbourg une maison intacte, sur quoi, il me demanda où j'habitais et, apprenant que c'était dans la banlieue, s'il y avait chez moi des vitres aux fenêtres. Sur ma réponse affirmative, mais un peu dissuasive : (« Malheureusement, mon général, j'habite très loin, il est fort tard, etc. »), il me rétorqua que peu lui importait et que je serais bien aimable de l'emmener coucher chez moi. Comment me refuser et lui refuser ce petit plaisir ? N'oublions pas que j'avais vingt-cinq ans et qu'il nous avait menés à la défaite. Je l'installai à côté de moi dans la voiture, le fis entrer dans un minuscule salon et lui offris un schnaps local. Il entreprit alors de m'expliquer pourquoi nous avions perdu la guerre !

– Vous comprenez, je demandais un petit effort à Raoul Dautry, ministre de l'Armement, qui prétendait toujours n'avoir pas reçu mon message.

Au bout d'une heure de cet absurde plaidoyer, je finis par lui dire, tombant de fatigue et d'ennui :

– Mon général, personne ne peut vous en vouloir. Napoléon Ier lui-même a connu Waterloo.

Le lendemain, tout cet illustre monde se retrouva à l'état-major, attendant, qui une automobile, qui un train spécial, qui un avion pour rentrer à Paris. Le général Weygand me dit alors qu'il souhaitait remercier le général Patch de son hospitalité, sur quoi Paul Reynaud se leva, ce qui ne le fit pas paraître plus haut pour autant, et me déclara qu'il m'interdisait de présenter « monsieur » Weygand au général Patch avant lui. Tout cela me dépassait. Jean Borotra intervint pour arranger les choses, ce dont je lui fus éternellement reconnaissant.

L'histoire se serait achevée au cœur de cet orage, si l'aide de camp du général de Lattre de Tassigny ne m'avait pas appelé par téléphone de Lindau pour me demander, ou plutôt m'ordonner, de la part de son chef, d'arrêter sur-le-champ le général Weygand, d'en faire ce que je voudrais et d'envoyer tous les autres sur les bords du lac de Constance où les attendait le commandant de la Première Armée française. Ai-je besoin de m'étendre sur la façon dont cet officier fut reçu ? Je m'ouvris de cet appel imbécile au général Weygand qui me pria de ne pas me troubler, étant lui-même assez grand garçon pour sortir de cette grotesque situation. Nous nous saluâmes avec émotion à sa montée en voiture et je conserve précieusement une lettre qu'il m'écrivit du Val-de-Grâce pour me remercier de mes attentions pendant ces vingt-quatre heures rocambolesques.

La Bavière ne fut pas que le théâtre de situations ou d'événements aussi colorés, inattendus et finalement assez ubuesques que ceux que je viens de raconter. Ils n'ont été, comme eût dit l'acteur Jacques François en d'autres temps, que des entractes au cours du déroulement d'épisodes que rien ne pourra jamais effacer dans le souvenir de qui que ce soit. Je voudrais évoquer ici la libération du camp d'extermination de Dachau et ses prolongements.

Un régiment de la Septième Armée avait découvert ce camp, voisin d'Augsbourg. Lorsque l'état-major fut prévenu, nous nous précipitâmes, l'attaché soviétique, l'attaché polonais, le représentant de la Résistance allemande et moi-même sur les lieux. L'état de faiblesse physique et mentale de beaucoup de déportés les empêchait de discerner, dans ce brouillard atroce qui les enveloppait depuis des années, qui était qui. Les déportés étaient toujours derrière les grilles et les barbelés, car il semblait prématuré et extrêmement dangereux pour tout le monde de les ouvrir avant notre arrivée et avant qu'un dialogue ne s'engageât entre eux et nous. Notre apparition fut saluée d'autant de vivats que d'injures et de menaces. Nous étions complètement incapables de calmer ces malheureux. Ils avaient élu ou choisi, selon leur nationalité, des représentants chargés des rapports avec les dirigeants allemands. Aujourd'hui, c'était avec les libérateurs américains du camp qu'ils avaient affaire et ce furent eux qui parvinrent à ce qu'un semblant d'ordre fût rétabli. Les grilles à travers lesquelles nous avions conversé s'ouvrirent enfin et nous pénétrâmes en enfer.

Au centre d'un immense terrain aboutissait une voie ferrée sur laquelle un train de marchandises stationnait. Les représentants des déportés et nous-mêmes fîmes ouvrir les portes des wagons. Ils étaient comblés, du sol au toit, de cadavres empilés horizontalement et ce, manifestement, depuis longtemps déjà. La visite continua, dans un silence qui s'épaississait, par les dortoirs où achevaient de mourir sur des planches des dizaines de déportés.

Les réfectoires, les terrains entourant les baraquements, tout était d'une tristesse, d'une misère, et dégageait une impression d'angoisse et de mort que rien ni personne ne peuvent décrire sauf ceux qui ont vécu un tel cauchemar.

Vint le redoutable moment d'expliquer à chaque groupe, dans sa langue maternelle et ce, sur les conseils pressants de leurs chefs, ce qu'ils pouvaient espérer. Des démarches immédiates allaient être entreprises en leur faveur, ainsi que leur rapatriement mis au point depuis des semaines par l'état-major.

On s'attendait fort peu à de telles macabres découvertes. Qui, en Europe ou aux États-Unis, avait vraiment idée de ce qu'étaient les camps de concentration ? L'officier de liaison soviétique parla le premier. Son discours fut accueilli par un long silence angoissant. Puis vint le tour du Polonais, qui se fit tantôt huer, tantôt acclamer. Enfin vint le mien. Je laissai entendre qu'il faudrait plusieurs jours pour autoriser les départs du camp soit par précaution sanitaire, soit pour éviter l'évasion d'espions ou de gardes nazis dans la foule des déportés.

Je ne pensais pas alors qu'on pût se faire insulter de la sorte. Je fus, je dois l'avouer, anéanti. Pour la première fois, depuis des mois, je doutais de l'intelligence de mon geste en acceptant cette mission. Je ne m'attendais évidemment pas aux atrocités que j'allais côtoyer et je n'avais jamais imaginé qu'elles me conduiraient si près de l'horreur absolue.

Les chefs de groupes me firent comprendre que ces manifestations ne devaient pas me surprendre et qu'ils allaient s'employer à faire entendre raison, le plus patiemment possible, à leurs camarades de détention.

Après quelques jours et quelques nuits passées à organiser le rapatriement de nos ressortissants, nous décidâmes du départ. Un train conduirait trois ou quatre cents déportés français, soviétiques ou polonais d'Augsbourg à un camp sanitaire.

Le voyage fut, au sens absolu du terme, apocalyptique. La locomotive vétuste qui tirait ce train bondé devait très souvent stopper pour se ravitailler en eau et ce presque toujours à des postes situés en rase campagne. Pendant chaque arrêt, si les déportés français restaient maintenant calmes, ayant compris que tout était mis en œuvre pour assurer leur retour, en revanche, les wagons de Polonais et de Russes déversaient en dix secondes des douzaines de ces malheureux sur la voie où ils cherchaient à s'étrangler, n'ayant pas d'armes pour s'égorger. Les hurlements et les menaces de leurs chefs et de l'officier de liaison polonais leur faisaient réintégrer le train. La bagarre recommençait à l'arrêt suivant. Il en fut ainsi pendant deux jours et deux nuits.

Je quittai l'Allemagne et l'armée américaine au bout d'un peu plus d'un an, ma mission terminée et deux galons de plus sur les épaules, ce qui faisait de moi un des plus jeunes capitaines des formations alliées. Je rentrai à Paris dans ma BMW réquisitionnée avec un jeune caporal français qui me servait depuis des semaines de chauffeur et dont l'engagement se terminait aussi. En traversant la Bavière, nous passâmes par une vallée, peut-être celle du Neckar où, à mon grand étonnement, dans un immense champ, jouaient cinquante ou cent bassets autour d'une petite ferme en ruines. Nous ralentîmes et aperçûmes un superbe setter irlandais égaré, solitaire et un peu triste au milieu de ces nains. J'allai voir le fermier qui me présenta au setter que je ramenai avec moi à Paris. J'avais enfin, grâce à lui, un sourire sur les lèvres.

6

Avec Maurice Clavel, le début du « voyage »

Une fois réinstallé à Saint-Martin, puisque je n'avais plus de domicile à Paris, la question lancinante se reposa : qu'allais-je faire de ma vie ?

J'avais vingt-six ans, j'avais été le spectateur horrifié de bien des tragédies, j'avais vieilli !!! Il était temps de prendre de sérieuses décisions et de s'y cramponner. Je n'avais qu'un embryon de formation, celui que mes débuts au théâtre m'avaient donné. Après avoir longtemps, sinon mûrement réfléchi, être retourné voir des pièces ou des films, avoir renoué des contacts avec quelques professeurs ou camarades de cours, je me rendis assez vite compte que, malgré sa futilité, qui m'avait tant outré, le théâtre était l'activité la plus séduisante à mes yeux. Devenant un professionnel, je pourrais espérer réussir plus facilement et plus rapidement que beaucoup d'autres. N'avais-je pas reçu des encouragements prometteurs avant mon abandon ? De plus, quelque difficulté que j'eusse à me mettre en face de cette pénible évidence, je ne savais rien faire d'autre, même si ce que je savais dans le domaine du théâtre était encore fort limité. Je constatai que des acteurs de ma génération avaient, depuis dix-huit mois, gravi bien des échelons et atteint une position fort enviable. Je veux parler de Michel Auclair, de Serge Reggiani et de Gérard Philipe, entre autres. Ils avaient tourné des films qui en avaient fait des stars : Auclair dans l'adaptation libre de *Manon*, de Clouzot ou dans *La Belle et la Bête*, de Jean Cocteau ; Reggiani, également dans *Manon* et dans *Les Amants de Vérone*, la magnifique version moderne de *Roméo et Juliette*. Enfin, Gérard Philipe l'inoubliable amant du *Diable au corps*, de Claude Autant-Lara. Chacun avait dans sa valise ce qui me manquait. La mienne était plutôt vide.

Je rendis visite à ceux sur qui, me semblait-il, je pouvais le plus sérieusement compter. J'ai toujours pensé, toujours dit et toujours éprouvé que la chance est un des éléments majeurs de la réussite dans le théâtre et le spectacle en général. Ce qui m'arriva si peu de temps après ma seconde démobilisation en est la preuve.

Je suis incapable de me rappeler dans quelles circonstances je fis la connaissance de Silvia Monfort. Elle avait déjà une forte personnalité et avait gardé un bon souvenir de mes modestes prestations précédant mon équipée dans l'armée américaine. Elle était alors la femme de Maurice Clavel.

Quand nous nous retrouvâmes, elle m'observa très attentivement et me jaugea. Étais-je libre ? Je l'étais tragiquement. Elle me pria de lire *Les Incendiaires*, la première pièce de son mari. Le principal rôle masculin, m'affirmait-elle, semblait avoir été écrit pour moi. Je me jetai sur *Les Incendiaires* que je trouvai tout à fait remarquable. J'acceptai instantanément. Je rencontrai ensuite Maurice Clavel. C'était un jeune homme d'une intelligence et d'un charme intenses. J'éprouvai tout de suite pour lui beaucoup de sympathie. Plus tard, cette sympathie allait se transformer en une véritable amitié. Le miracle aidant, un théâtre fut immédiatement prêt à nous accueillir. Il était minuscule et situé au cœur de la rive gauche. Le théâtre des Noctambules, comme le théâtre du Quartier latin et le théâtre de la Huchette, dans le même périmètre, avait la réputation d'être une salle d'avant-garde. Pour moi, il avait la particularité de se situer à deux pas de la faculté de droit dont je gardais le souvenir qu'on devine.

Silvia Monfort devait être la principale interprète féminine de la pièce. Elle en jouait à l'époque une autre au Studio des Champs-Élysées. Peu avant notre première répétition, un soir de grande chaleur, elle monta prendre l'air avant d'entrer en scène, sur le toit en terrasse de ce théâtre. Elle fit un faux pas, traversa la verrière et se retrouva sérieusement blessée dans la loge d'une de ses partenaires, elle-même douloureusement surprise de cette visite. Nous étions tous navrés pour elle, mais « the show must go on » ! Elle fut remplacée par Françoise Gaudray. Nous jouâmes *Les Incendiaires* plus de trois cents fois. Ce fut une consécration pour Maurice Clavel et, j'ose l'affirmer, un très grand succès pour moi. La pièce de Clavel, située durant l'Occupation, comportait trois personnages principaux ; je jouais l'un d'eux, un collaborateur marié à une résistante, maîtresse d'un résistant. L'histoire touchait les spectateurs qui avaient été mêlés à la politique et à la Résistance. Je ne savais rien de tout cela. Toutes les horreurs, toutes les passions qui s'étaient manifestées durant l'Occupation m'étaient étrangères. Je ne vis, dans *Les Incen-*

diaires, qu'une pièce superbe, mon rôle, quoique antipathique était très attachant. Ce fut, pour moi, une véritable rencontre.

Jean Anouilh vint assister au spectacle. Il lui consacra, le lendemain, un article très élogieux en première page dans *Le Figaro* ! Nous connûmes la gloire.

Un soir, un Américain assez vulgaire vint voir la pièce et me demanda en anglais, après la représentation, si je parlais sa langue. Je la parlais comme lui, grâce à mes grands-parents du Missouri et grâce à mon séjour à la Septième Armée. Ce bilinguisme total le surprit. Je devrais songer à faire du cinéma à Hollywood me dit-il, avant de me quitter sur un « good luck ! » auquel je ne pensai plus le lendemain.

À quelque temps de là, Jean Marchat, qui organisait une tournée au Portugal, me demanda d'y participer avec Michèle Alfa. C'était une très grande vedette et une actrice très rare dont je me suis cru amoureux. Elle abandonna hélas trop vite le théâtre. Jean Marchat me confia plusieurs rôles de tout premier plan, c'est-à-dire trois ou quatre des jeunes premiers des cinq pièces qu'il emportait.

Nous embarquâmes à Rouen – ce qui demeure aujourd'hui encore un mystère pour moi – destination Lisbonne, Coimbra et Porto. Au cours de cette tournée étonnante, je fus présenté à une chanteuse de fado, laquelle voulut bien m'honorer de son amitié pendant notre séjour. Sa voix et son talent étaient ensorcelants. Sa célébrité était déjà telle à cette époque que je me souviens fort bien de traversées de Lisbonne dans un fiacre aux rideaux baissés en plein après-midi. Amalia Rodrigues – c'était elle ! – avait manifestement horreur des automobiles et de la foule. Grâce à ses deux phobies, je vécus pendant quelques jours sur une autre planète au son des guitares et de cette langue qui m'a toujours enchanté.

Je ne devais revoir Amalia Rodrigues que trente-cinq ans plus tard à un récital qu'elle donnait à Paris. Je m'y rendis en même temps que madame la Comtesse de Paris venue applaudir sa compatriote. La princesse m'a toujours témoigné une amitié à laquelle je réponds avec infiniment de respect et d'admiration pour son charme, son humour et sa majesté. Nous nous rendîmes, elle, une de ses filles et moi-même, dans la loge d'Amalia qui, après tant d'années, voulut bien me reconnaître en m'embrassant tendrement sans un mot. Je n'ose pas ajouter : les larmes aux yeux. Quelques jours de rêve me revinrent à l'esprit. Mais ce n'était ni pour elle ni pour moi le moment et le lieu d'en parler. Le lendemain matin, j'avais rendez-vous au bois de Boulogne avec une autre dame de mes amies, dont l'entrain, la vitalité et le sens de la repartie sont très réconfortants. Je la vois plusieurs fois par semaine et nous promenons nos chiens ensemble. Elle est portugaise, elle aussi, et chauffeur de taxi. Est-ce là le comble du snobisme ou une manifestation d'éclectisme maladif ?

Le succès de cette tournée entraîna l'organisation d'un autre voyage, beaucoup plus long et officiel celui-là.

Fernand Lumbroso en était le directeur. Ce fut sans doute l'une des premières grandes tournées organisées par ce producteur dont la réputation internationale ne fit qu'augmenter au fil des années. Cette fois, il s'agissait d'une série de spectacles en Grèce, au Liban, en Égypte et en Turquie.

J'y jouais des rôles importants dans la plupart des pièces.

À la troupe s'étaient joints Alice Sapritch, déjà, à l'époque, ma mère de théâtre, Marion Delbo qui avait été la première femme d'Henri Jeanson et devait devenir une de mes plus chères amies, Jacques Dupont, un prestigieux décorateur, et l'administratrice. Cette dernière fut pour moi une amie incomparable. Elle l'est restée. Elle s'appelle Élisabeth Prévost, était un des plus célèbres fusils de France, et se passionnait, comme elle se passionne toujours pour tout ce qui est « aventure ». Elle fut sur ce plan-là assez bien servie, je crois, par la tournée dont il est question.

Nous promenions, si ma mémoire est bonne, onze pièces. J'en jouais neuf. J'allais des *Caprices de Marianne* à *Tartuffe*, et de *La Guerre de Troie n'aura pas lieu* à *Je vivrai un grand amour*. C'est dire que peu de temps restait pour visiter en détail les merveilles qui jalonnaient notre itinéraire. Comment ai-je vu les Pyramides ? Je me le demande encore. L'Acropole ? C'est un mystère ! Je fis une apparition à Baalbek et je traversai le plateau d'Anatolie dans le même compartiment à deux lits qu'Élisabeth Prévost. Ma fatigue était telle que je dormis pendant les deux jours que dura ce voyage en train.

Je me souviens d'une représentation de gala des *Caprices de Marianne* devant le roi Farouk à l'Opéra du Caire.

Le souverain avait demandé que nous lui soyons présentés. Mais, à cette époque, il était obsédé par les complots. Pour les nationalistes égyptiens, il apparaissait comme l'homme des Anglais. Il avait raison de se méfier, puisqu'en 1952 une junte militaire le déchut et il mourut exilé en Suisse.

Quoiqu'elle ne jouât pas dans le spectacle que nous devions présenter ce soir-là, ma grande amie Marion Delbo, ayant eu vent de la présence royale se roula aux pieds de Jean Marchat et de Fernand Lumbroso pour faire partie des « présentés ». Ce qui lui fut accordé. Au jour dit, Marion me téléphona, affolée. Tout était raté, elle avait tellement grossi qu'elle ne rentrait plus dans ce qu'elle appelait sa robe « sirène ». La fermeture éclair venait de céder ! Avais-je une idée pour réparer ce désastre ? Je lui suggérai de masquer la fente par un énorme bouquet de violettes artificielles, ornement qu'en principe Marion portait sur l'épaule. Le bouquet fut donc amarré sur sa hanche. Représentation. Salle enthousiaste. Entracte. Marion fut présentée au roi et dès qu'elle plongea dans sa révérence, le bouquet se détacha et, par un phénomène extravagant, fit un bond jusqu'entre les pieds du souverain. En une seconde, le roi, ses aides de camp et le directeur de l'Opéra, furent à plat ventre par terre. Nous ne comprenions pas les motifs de leur frayeur. On nous les expliqua. Ils attendaient l'explosion de la bombe que cette dame avait portée jusqu'à la loge royale ! Michèle Alfa, Jean Marchat et moi pleurions de rire pendant que les gardes du corps se saisissaient de Marion. Il fallut de très longs palabres pour qu'elle recouvrât la liberté et replongeât dans une révérence d'excuses où sa gaine et son soutien-gorge n'eurent plus de secret pour quiconque.

Ce fut pendant ce séjour au Caire qu'une lettre de ma mère m'apprit la mort de ma sœur, Micheline.

Si elle apparaît tard dans ce récit, c'est parce qu'elle avait été confiée à ma mère au moment du divorce de mes parents et m'était totalement inconnue en dehors de souvenirs extrêmement vagues de notre toute petite enfance. Ni mon père ni ma mère ne faisaient allusion à son existence. Malgré l'absence complète de relation avec elle depuis sa naissance, des indiscrétions familiales ou amicales m'avaient mis au courant de son « état ». Micheline devait avoir sur mon comportement dans la vie une influence immense. Elle était anormale. Jamais elle n'a parlé ni marché, ni su exprimer quoi que ce fût autrement que par des grognements inintelligibles ou des cris perçants. Elle n'a jamais reconnu qui que ce soit et a passé les vingt-quatre années de sa vie dans une maison, près de Mougins, avec deux infirmières qui se relayaient auprès d'elle. C'était mon beau-père qui subvenait à ses besoins, ce qui ajoute à l'étrangeté de la situation qui fut celle de ce qu'on est convenu d'appeler ma vie de famille.

La maladie de Micheline et son incurabilité devaient être, à plusieurs égards, quasi obsessionnelles pour l'homme que j'étais en train de devenir. J'étais convaincu que son état ne tarderait pas à s'emparer de moi, qu'il était le résultat d'une tragique hérédité d'origine indéterminée, ce qui devait perturber considérablement tout attachement sérieux que je pus avoir avec les femmes. Je ne concevais pas ma vie sans enfant, mais je vivais dans la panique d'en procréer un qui pût ressembler à ma sœur. À plusieurs reprises je détruisis tout ce qui était en passe de devenir une association par terreur de voir se concrétiser les cauchemars que l'état de Micheline pouvait m'inspirer. Sa mort, hélas ! n'apporta une paix définitive qu'à elle seule.

7

Hollywood, arbre de Noël dans le smog

Quand je rentrai à Paris, une immense surprise m'attendait. La brève conversation que j'avais eue dans ma loge des Noctambules au moment des *Incendiaires* avec le mystérieux spectateur américain avait fort étrangement porté ses fruits. Un imprésario que je ne connaissais pas, Betty Stern, peu après mon retour du Moyen-Orient, me pria de venir la voir. Elle avait appris, par une de ses amies, elle-même imprésario à Hollywood et veuve du célèbre acteur germano-américain Conrad Veidt, qu'un représentant des studios Universal International était venu voir *Les Incendiaires* et, m'ayant trouvé intéressant, souhaitait me proposer un contrat à Hollywood. Si j'acceptais de faire à Paris des essais avec Edmond Greville, réalisateur des plus connus, Universal s'attacherait mes services de toute urgence.

Ai-je besoin de décrire ma réaction ? Je tournai ce fameux bout d'essai quelques jours plus tard dans une scène de *Rebecca*. Laurence Olivier était déjà mon idole et je crus deviner là un clin d'œil du destin. Ces essais furent immédiatement envoyés à Hollywood et la réponse que j'attendais avec une impatience fébrile arriva enfin. J'étais engagé !

Dans le contrat, de l'épaisseur d'un annuaire téléphonique, que me fit parvenir Universal, je découvris que j'étais engagé pour sept années. Il prévoyait une augmentation régulière de mes rémunérations hebdomadaires. Mais, car il y a un mais, je ne pouvais résilier ledit contrat unilatéralement. Et aucun titre de film n'était mentionné. Toutefois, la lettre d'accompagnement me priait de rallier Hollywood au plus tôt car le studio envisageait très sérieusement de faire de moi le partenaire de Joan Fontaine dans *Lettre d'une inconnue*. Le scénario était tiré de la nouvelle de Stefan Zweig. Max Ophüls devait commencer à le réaliser quelques semaines plus tard. C'était grisant ! Si bien que la sévérité de certains termes du contrat n'eut aucune prise sur mon enchantement.

Betty Stern fit en sorte que la presse fût alertée. Un grand nombre d'articles parurent à l'occasion de mon imminent départ. Puis les bureaux parisiens de Universal m'informèrent que des billets d'avion Paris-New York et New York-Los Angeles étaient à ma disposition. Là, les choses commencèrent à se gâter. J'ai horreur de voyager en avion. À l'époque, cette horreur, due à la claustrophobie dont je souffre toujours, était accompagnée d'une terreur panique, ma nullité totale dans le domaine scientifique m'empêchant absolument de comprendre et d'admettre que des engins de l'importance des avions transatlantiques, ou même plus modestes, pussent tenir en l'air. J'ai, depuis, fait plus d'une fois le tour du monde en avion, l'horreur s'est muée en ennui profond et la terreur a fait place à une sorte de fatalisme fiévreux ! Je n'en étais pas à ce stade en 1948. Je fis donc savoir à mes nouveaux employeurs que je me rendrais, certes, à New York, mais par bateau et de New York à Los Angeles par le train. Des ricanements accueillirent ma décision ; le film serait probablement commencé sans moi si je persistais dans mon attitude d'un autre âge. Je fis répondre que cela m'était complètement indifférent, ne doutant pas un instant que d'innombrables scénarios m'attendaient sur la côte pacifique. On s'inclina.

Une malle-armoire de la famille fut remplie de mes vêtements les plus élégants, de nombreux livres, d'un phonographe et de mes disques préférés. Je doutais en effet qu'il y eût aux États-Unis, un tailleur, un libraire et un disquaire dignes de mes goûts raffinés, de ma culture et de mon éclectisme musical !

Derrière le masque de l'impassibilité que j'adoptai, j'étais en proie à mille questions inquiétantes qui surgissaient nuit et jour.

Ce tournant décisif de mon existence, mes habitudes, ma profession et la rupture avec tout ce qui jusqu'alors avait été ma vie matérielle ou affective, où allaient-ils me mener ?

Les choses avaient été faites correctement : j'embarquai sur *Le France*, un magnifique paquebot, au Havre.

Le commissaire des premières classes avait manifestement reçu des instructions me concernant. Dès le premier dîner, il m'interrogea. Me conviendrait-il, puisque solitaire, de partager la table de sir Charles et lady Cochran ? Ils voyageaient avec un de leurs grands amis, Ivor Novello, célèbre compositeur anglais. J'acceptai sans montrer de surprise qu'on sollicitât ainsi la faveur de ma compagnie. En effet, si j'avais vingt-huit ans ou presque, mon âge mental était celui d'un enfant qui reçoit son premier train électrique, mais préférerait mourir plutôt que de s'en étonner. J'ignorais alors que Charles Cochran et Ivor Novello étaient à l'époque les phares du spectacle anglais, le premier dans le domaine de la production et le second dans celui de la musique, le Selznick et le Gershwin londoniens, en quelque sorte, réunis. Après les inévitables mondanités d'une extrême banalité et ayant reçu, dès les hors-d'œuvre, leurs vœux de courage, de patience et de succès, je ne pus évidemment m'empêcher de demander à ces deux messieurs s'ils s'intéressaient au spectacle ! Ils eurent l'esprit de se montrer ravis de l'ingénuité de ce jeune Français !

La veille de l'entrée dans la rade de New York, nous fûmes avertis que Manhattan serait visible le lendemain vers cinq heures du matin. Je ne fermai pas l'œil de la nuit. Les astronautes américains ont-ils été plus émus que moi en alunissant ? J'en doute ! À quatre heures du matin, peut-être plus tôt, j'étais sur le pont du *France.* Une brume épaisse flottait, confondant tout. On ne savait plus très bien qui, du paquebot ou de la presqu'île, approchait de l'autre.

J'avais depuis toujours rêvé de l'Amérique et de New York. J'imaginais une ville blanche, des gratte-ciel de craie, une eau limpide. Et je voyais au loin, puis plus distinct, un amoncellement de bâtiments gris, sales, des montagnes rougeâtres de briques centenaires sur fond de ciel couvert, tandis que le paquebot pataugeait dans des eaux glauques auprès desquelles celles de la Seine tiennent du lac tyrolien !

Je me rendis bien souvent, depuis ce jour, à New York, et toujours en avion, mais au tournant de l'autoroute qui conduit de l'aéroport au cœur de Manhattan, à chaque voyage, la même impression très fugitive de désenchantement renaît pour laisser place quelques instants plus tard à un total émerveillement, et à une surprise absolue devant les contrastes qui sont l'image de marque de New York.

À la douane, deux jeunes gens de la société Universal m'attendaient. Ils avaient pour mission de me faire passer la meilleure journée possible sur les bords de l'Hudson avant de me conduire au train qui, en trois jours et deux nuits, devait me mener à Los Angeles ! Mon adoration pour leur pays les enchanta et ma joie de parler leur langue les amusa beaucoup. Ils étaient à peine plus âgés que moi et nous devînmes *buddies* (copains) en quelques instants. Ils avaient établi un plan de visite de la ville. Je le modifiai du tout au tout à la seconde même. J'avais, en effet, rayé le verre de ma montre sur le bateau et mon seul souci était de trouver un horloger Omega entre Harlem et Greenwich Village !

Le jour de mon arrivée étant un samedi, de ce fait, je ne vis rien de New York, puisque tout notre temps fut occupé à découvrir une bijouterie ouverte ! Il fallait en outre que l'homme du métier fût capable de réparer ma montre dans l'heure, faute de quoi il était hors de question que je prisse le train avant lundi ! Ainsi sont les stars, importées ou non ! À la fin de la journée, mes deux nouveaux amis me conduisirent à la gare. Un train de très grand luxe, baptisé le *Superchief*, m'y attendait. Je fus conduit à une véritable cabine, munie d'une douche et, dix fois avant le départ, le steward noir du répertoire, celui qu'on a vu dans des centaines de films, vint me demander si je n'avais besoin de rien. Mes jeunes guides me crièrent au moment où le train partait et où mon cœur battait de plus en plus fort :

– *Good luck, Jacques, you are an all right guy !*

Nous devions faire escale à Chicago et retrouver nos wagons à l'autre bout de la ville dans une autre gare après quelques heures de « permission ». Un peu avant l'arrivée, que je guettais du couloir, une énorme Américaine qui aurait pu être ma mère, à ceci près que ma mère était une fort jolie femme, me demanda si je connaissais bien Chicago, faute de quoi, ayant des achats à y faire avant de retrouver notre train, elle se ferait une joie de m'emmener avec elle à travers la ville. Je ne vis ainsi, lors de cette première visite à Windy City, que le département des sous-vêtements féminins du grand et celèbre magasin Marshall Fields. Mon guide passa au moins trois heures pour y trouver ce qui lui convenait dans une taille manifestement inusitée ! Heureusement, des années plus tard, je suis retourné plusieurs fois à Chicago. Il y a également un département pour hommes chez Marshall Fields. Le magasin est devenu l'un de mes lieux de pèlerinage dans la capitale de l'Illinois.

On m'avait averti au départ de New York qu'il me faudrait descendre du train avant Los Angeles dans une petite ville, Pasadena, à vingt miles environ du terminus. Là s'arrêtaient tous les trains de luxe pendant quelques minutes pour éviter aux éminentes personnalités transportées d'être la proie de foules admiratives en délire. Lily Veidt, quelques photographes et les représentants du studio devaient m'y attendre. Je ne m'étonnai de rien. Pas un instant je ne doutai qu'il était normal, pour ne pas dire prudent, de me faire descendre à Pasadena plutôt qu'à la gare centrale de Los Angeles ! Lily était bien là. Ma compagne de Chicago, découvrant qu'elle avait voyagé avec une immense vedette, me fit ses adieux les larmes aux yeux. En débarquant, j'affectais une sérénité qui, je pense, ne dut guère tromper grand monde !

Une des premières choses que je demandai à Lily entre Pasadena et Beverly Hills fut la signification du mot *breakfast,* affiché en lettres lumineuses sur tous les drugstores. Je prononçai « briquefast ». Son éclat de rire me rappela que « petit déjeuner » en anglais et même en américain faisait partie de mon vocabulaire depuis vingt-cinq ans mais dans une autre prononciation ! Cela illustre assez bien mon émotion. Lily m'apprit aussi que l'appartement qu'elle avait sous-loué pour moi à un de ses amis ne serait prêt que dans deux ou trois jours et elle me conduisit au Beverly Wilshire, une sorte d'hôtel Meurice en plein cœur de Beverly Hills. Mes bagages n'étaient pas encore dans ma chambre que Lily me déclara avoir retenu pour moi une voiture. Elle espérait qu'elle me conviendrait. Il serait prudent, me dit-elle, d'aller en prendre possession immédiatement avant que quelqu'un d'autre ne s'en empare. Je n'avais donc pas encore vu ma chambre que je me trouvai propriétaire d'une Studebaker décapotable, payable par mensualités, exactement le genre de voiture dont j'avais rêvé depuis que je savais conduire. Enchantée par mon enchantement, Lily Veidt me dit avec un grand sourire qu'elle avait des rendez-vous très importants, que je retrouverais le Beverly Wilshire sans difficulté, et que je lui ferais un grand plaisir en dînant avec elle le lendemain ! Sur quoi, elle me quitta en me remettant les clés de ma nouvelle voiture et un permis de conduire provisoire. J'avais vraiment l'impression de rêver, partagé entre un bonheur et une panique également difficiles à décrire. Je mis un peu plus de deux heures à retrouver mon hôtel. Je crois bien que j'y dormis jusqu'à ce que le téléphone me réveille. J'ai négligé de dire que Lily m'avait appris, pendant le voyage entre Pasadena et Los Angeles, que le tournage de *Lettre d'une inconnue* était commencé depuis huit jours : Louis Jourdan me remplaçait. Mais cela n'avait aucune importance, l'avenir m'appartenant. Ne devais-je pas être présenté le surlendemain au président de Universal et aux principales vedettes du studio ? Peut-être tout ceci aurait-il dû m'empêcher de dormir pendant deux jours et deux nuits. L'effet contraire se produisit, qu'on le croie ou non. Je n'ai jamais eu une grande confiance dans mon équilibre, mais j'en acquis un peu en découvrant que ma déception était compensée par le miracle de mon arrivée à Hollywood.

Le téléphone me tira du sommeil et de mes rêves qui, comme d'habitude, n'avaient rien à voir avec le présent ni l'avenir mais ont toujours eu un lien très serré avec le passé. Une amie de plusieurs années, Barbara Laage, m'appelait. Elle avait appris par la presse mon arrivée. Étais-je libre par miracle, pour dîner avec elle le soir même ? Barbara avait été élève en même temps que moi de Raymond Rouleau. Elle n'avait pas fait grand-chose depuis, lorsque Orson Welles la prit sous contrat au cours d'un de ses voyages en Europe et la fit venir aux États-Unis. Barbara était gaie, pleine d'humour et de fantaisie, de ressort et d'optimisme, exactement ce dont j'avais besoin. Elle racontait cent histoires loufoques qui lui étaient arrivées depuis le début de son séjour en Californie. Notamment qu'en six mois de présence, elle n'avait vu que trois fois Orson Welles et ce, pendant dix minutes.

Le lendemain, Lily Veidt m'emmena à un important cocktail donné par son ami Basil Rathbone, le célèbre Sherlock Holmes. Pour affronter ma première rencontre avec une star, j'extirpai de ma malle-armoire un superbe costume de gabardine beige et descendis attendre Lily dans un drugstore fréquenté par le tout-Hollywood, le « Shwabs ». Au bar, une jeune femme et son petit garçon mangeaient des glaces. Celle de la maman était assez banale, celle de l'enfant presque aussi grande que lui. Du haut de son tabouret, qui jouxtait le mien, il jonglait avec la crème fraîche et les amandes pilées. Je craignais le pire. Il ne se fit pas attendre. En quelques secondes le numéro un de ma garde-robe fut inondé de *chocolate sundae* sous les hurlements de rire de la maman qui, en guise d'excuse, me dit, en pouffant toujours, qu'il fallait bien que les enfants s'amusent ! Je trouvai un peu brutal ce premier contact avec la petite enfance américaine et n'eus que le temps de passer du beige chocolaté au bleu marine pour me présenter chez les Rathbone. J'étais dans un tel état de rage que je ne reconnus personne alors que tout ce qui comptait à Beverly Hills devait être là. J'y passai très exactement vingt minutes avant d'aller seul au cinéma voir, enfin, *Autant en emporte le vent*. C'était l'un des premiers films américains présentés en France après la Libération et le public enthousiasmé en avait fait un triomphe. Je l'avais raté à Paris.

Le jour suivant étaient prévues ma présentation à William Goetz, président d'Universal International, ma visite des studios, qui s'étendaient sur des kilomètres carrés, et ma rencontre avec les vedettes en activité ce jour-là. Nous étions, Lily et moi, accompagnés par une petite troupe de photographes, ce qui me rassurait sur ma célébrité naissante. Après l'accueil poli et chaleureux de Goetz, je fus conduit de plateau en plateau pour être présenté, entre autres, à Burt Lancaster, à Deana Durbin, à William Powell, à Cornell Wilde, dont les noms me faisaient rêver depuis longtemps et à d'autres stars inconnues, leur gloire n'ayant pas encore franchi l'Océan au moment où je le traversai, moi, dans l'autre sens.

La cordialité américaine est rarement prise en défaut. J'eus vraiment ce jour-là l'impression que tout le monde savait tout de moi et que j'étais attendu avec une immense impatience. J'étais submergé par un flot de compliments, de questions sur mon court passé d'acteur, de vœux de toutes sortes, de promesses. Nous allions nous revoir très bientôt. On me suppliait de venir partager, dès que possible, un déjeuner avec les uns ou les autres à la cantine du studio. J'étais grisé.

J'emménageai le lendemain, empli de confiance et d'optimisme, dans mon nouvel appartement de North Harper Avenue. Il se composait de trois pièces et d'une salle de bains (service assuré), au dernier étage d'un immeuble moderne tout à fait correct, dans une très jolie avenue, proche du célèbre Hollywood boulevard – Hollywood étant, comme Beverly Hills, un quartier de Los Angeles. Aucun studio ne s'y trouvait déjà plus depuis très longtemps. Mais ce nom magique effaçait ceux de Culver City, Burbank ou Universal City où ces immenses usines étaient maintenant installées. Je visitai les quartiers où j'allais être appelé à vivre pendant sept ans, les plages distantes d'une bonne douzaine de miles de l'endroit où j'habitais. Je m'inscrivis dans un club de gymnastique, pour le cas où un trentième Tarzan serait mis en chantier et où j'en serais la vedette. J'y eus pour compagnon d'haltérophilie Kirk Douglas, qui servait aussi d'assistant au maître des lieux pour gagner de quoi survivre. Son film *Le Champion*, qui devait le mener à la gloire, n'était pas encore sorti et le premier dans lequel il était apparu n'avait eu aucun succès.

Avec un instinct qui, pour une fois, ne me trompait pas, je sentis bientôt que les choses ne démarraient pas aussi vite que je l'avais envisagé. Mes récentes relations m'affirmaient pourtant, les unes après les autres, du prof de gym à monsieur Goetz, que cela se passait toujours ainsi. Je décidai finalement d'organiser non mes loisirs mais mon attente du film dont je ne doutais pas qu'il me serait proposé dans les délais les plus brefs. Mon moniteur, Kirk Douglas et moi passions de nombreuses soirées à voir des matches de catch, mes journées s'écoulaient solitairement sur une des plages de Malibu, mais les matinées restaient vides. Pour les occuper, j'achetai un cheval dans une écurie de Hollywood Hills où il était en pension et, tous les matins, j'allai le monter pendant deux heures. J'avais décidé de m'américaniser le plus possible. Je vivais en blue-jeans et en tee-shirts. J'absorbais un *gallon* de lait par jour – jusqu'à ce que je fusse couvert de boutons, ce qui me convertit au Coca-Cola – et je dévorais les journaux, les magazines et les livres ayant trait au cinéma américain, ma nouvelle raison d'être !

Rapidement un très triste sentiment d'extrême isolement et d'inutilité m'envahit. Tout ce dont j'avais rêvé me paraissait inaccessible, l'avenir bouché pour longtemps et, après quelques petites fêtes données en l'honneur du *french import*, un lourd silence s'établit autour de moi. Le brouhaha qui avait suivi mon arrivée s'était éteint. La convivialité américaine est aussi chaleureuse que fugitive. On connaît toujours votre prénom, mais rarement votre nom de famille. C'est alors que, grâce à Barbara Laage, je fis la connaissance d'Alexandre de Manziarly – Sacha pour les intimes, consul général de France à Los Angeles – et de Charles Boyer.

Charles Boyer jouait le rôle du pape de la colonie française à Hollywood et il est le seul acteur français à avoir fait une carrière aux États-Unis. Il était le *french lover*. Homme de grande séduction, excellent acteur, il jouissait d'une rare autorité.

Jamais je n'oublierai la compréhension dont ces deux hommes firent preuve à mon égard au moment où, après la griserie de l'arrivée, le silence que je viens d'évoquer s'épaississait autour de moi. Il n'y eut pas de réunions intimes, familiales ou mondaines, où ils ne m'invitassent à tour de rôle. Les Français étaient très peu nombreux dans le monde du cinéma américain et faisaient un peu bande à part, évitant même de se fréquenter. J'avais déjà eu le temps d'observer cette attitude chez la plupart d'entre nous quand Jean-Pierre Aumont, de retour de Paris, me téléphona. Nous devînmes très vite bons amis. Il se montra à mon égard d'une attention et d'une délicatesse inoubliables. Sa femme d'alors, Maria Montez, m'adopta aussi et une famille se créa ainsi pour moi.

Jean-Pierre peut être d'une drôlerie irrésistible et l'extraordinaire jeunesse de son caractère me fit passer des moments délicieux. Dalio parfois se mêlait à notre groupe. C'était un personnage d'une autre planète. Il était fort intelligent, d'une redoutable sévérité dans ses jugements, mais les formulant avec un esprit que tous ses amis entendent encore. Je vivais pratiquement chez les Aumont. La vie nous a séparés. Maria est disparue tragiquement. Leur fille Tina, que j'ai connue toute petite, a suivi une route qui jamais n'a croisé la mienne et les deux fils qu'il a eus de Marisa Pavan, sa dernière femme, sont devenus des hommes avant que j'aie eu le temps de bien les connaître.

Un autre Français, moins stimulant et spirituel que Jean-Pierre, était lui aussi installé depuis la guerre dans une somptueuse maison. Il s'appelait Louis Verneuil, auteur au succès immense avant 1939. Sa demeure avait été baptisée par notre petite communauté en Californie : « Le château de la mort lente », tant impétueuse était l'hilarité permanente qui y régnait ! Il apprit un jour ma présence et eut la bonté de m'inviter à dîner. Je me trouvai le voisin de table de Marlène Dietrich. Je passe sans insister sur ma joie et ma fierté de la rencontrer. Elles ne firent que décupler quand elle me demanda, avec une timidité que personne ne lui connaissait, si je verrais un inconvénient grave à ce qu'elle fasse projeter, dans sa salle privée, pour elle et quelques amis triés sur le volet, mon dernier film français. Elle me demandait de lui faire l'extraordinaire grâce de me joindre à eux.

En dehors de ma courte fonction d'assistant stagiaire dont Viviane Romance avait eu raison, ce dernier film dans lequel j'avais dit trois répliques était *Le Collier de la Reine,* dans lequel Marcel L'Herbier m'avait demandé d'incarner le comte d'Artois, frère de Louis XVI. J'étais un peu surpris que cette très modeste prestation fût parvenue jusqu'à Los Angeles et surtout qu'elle eût frappé à ce point Marlène Dietrich, mais j'étais assez inconscient pour ne pas m'étonner de grand-chose. Un bon quart d'heure se passa où elle me parla de Paris, de Jean Gabin et de sa prestigieuse carrière avec un grand déploiement de féminité. Elle aborda enfin les détails qu'elle avait soif de connaître sur le tournage de mon film. La lumière se fit pour moi quand elle me demanda si je m'étais bien entendu avec Micheline Presle et m'affirma que *Le Diable au corps* avait de tout temps été un de ses romans français favoris. Lorsque je lui dévoilai que je n'étais pas Gérard Philipe, j'évitai de justesse une paire de gifles.

J'eus le bonheur de faire partie de ceux que Sacha de Manziarly aimait et appréciait. Il y eut peu de réceptions – et il en donnait beaucoup, ayant un goût immodéré pour les fêtes – auxquelles je n'eusse pas été convié. C'est ainsi que je connus par lui Igor Stravinsky, Charlie Chaplin, Artur Rubinstein, Otto de Habsbourg et quelques autres.

En Otto de Habsbourg, je reconnaissais et je reconnais encore l'immense culture. Il s'est consacré à l'idée européenne et a tout abandonné pour la faire progresser, même son titre : il s'appelle aujourd'hui Dr Habsbourg et n'a plus aucune prétention de remonter sur le trône d'Autriche ou de Hongrie. Mon respect est fondé sur cette intelligence.

Ma mère vint me voir à Hollywood. Je crois, à dire vrai, qu'elle mit sur le compte de l'amour maternel la visite qu'elle fit à New York à quelqu'un à qui elle croyait beaucoup tenir : de New York à Hollywood, il n'y a qu'un pas, comme chacun sait. Il était aussi tout à fait dans sa nature de venir montrer à ces prétendues vedettes comment il fallait s'habiller, et quelle mère inégalable elle était. Ne traversait-elle pas la moitié du globe pour souhaiter à son petit garçon un heureux anniversaire ? La cohabitation dans mon petit appartement me devint vite assez pesante. Je ne voyais pas arriver le dernier des quinze jours qu'elle avait décidé de passer avec moi. Je lui présentai presque tous mes nouveaux amis et donnai, finalement, le 16 mai, un grand dîner chez Romanoff, le restaurant le plus en vue de Hollywood, pour célébrer sa venue et ce que j'espérais, à tort, être le début de ma maturité. J'y conviai Sacha de Manziarly, les Aumont, Charles Boyer et sa femme, Charles et Oona Chaplin et Danny Kaye. Cette assemblée de célébrités n'était pas faite pour éblouir ma mère. Elle en avait vu d'autres ! La seule chose dont elle se souvint, plus tard, est une réflexion de Chaplin. Assis à sa droite, et me désignant, il lui confia, au dessert :

– J'espère de tout mon cœur que cette nouvelle année de sa vie sera très heureuse pour votre mari.

Réplique qu'elle a souvent citée.

Le téléphone sonnait peu avenue Harper. Un jour cependant, le chargé de presse de Universal m'appela. Étais-je libre le lendemain soir ? Il me prévint que si je ne l'étais pas, j'avais le plus pressant intérêt à annuler mes engagements. Il m'avertit encore qu'une table avait été retenue pour Hedy Lamarr et moi, dans une des grandes boîtes de nuit de Beverly Hills. On allait nous y photographier dansant le plus *cheek to cheek* possible et je serais bien aimable de passer la prendre chez elle vers vingt-deux heures. Je ne connaissais Hedy Lamarr qu'à cause du scandale qu'avait provoqué son film *Extase*, vingt ans auparavant, ou à peu près, et quelques photographies d'elle. C'était le premier film où une vedette importante apparaissait complètement nue, et ce, dans une période d'extrême pudibonderie. Laisser entrevoir un sein était alors d'une rare audace. Hedy Lamarr connut la gloire grâce à cet exploit, alors qu'elle était une actrice plutôt médiocre. Mais elle était superbe.

L'homme m'affirma que Hedy, au courant de cette rencontre publicitaire, m'attendait. Tout refus de ma part, puisqu'il s'agissait d'un ordre du studio, provoquerait immédiatement ma « suspension » ou, en d'autres termes moins civils, la rupture des engagements financiers des studios à mon égard. Je ne recevrais plus mon chèque hebdomadaire. Je me présentai donc, le lendemain, chez mademoiselle Lamarr.

J'étais très maladroit. De plus, j'ai toujours eu horreur de danser. Je ne suis pas du tout du genre « par ici les gonzesses ». C'est donc la mort dans l'âme que j'accompagnai la superbe Hedy au Ciro's. J'étais pétrifié d'émotion et nous avons dû nous dire trois phrases pendant la soirée. Elle était d'une humeur effroyable et la seule chose que je me rappelle est la réflexion qu'elle me fit tandis que les photographes nous mitraillaient :

– Si je ne vous dégoûte pas trop, vous pourriez peut-être me serrer un peu plus contre vous !

Ce n'était que le premier acte d'un vaudeville dont nous fûmes les protagonistes. Le lendemain, les journaux spécialisés développaient de long en large le nouveau *crush* de la sublime et nullissime Heddy pour le *new french import* !

À quelque temps de là, Manziarly, à qui aucun journal, donc aucun ragot n'échappait, donna une soirée fort brillante et me demanda d'y venir avec la même Hedy Lamarr dont, me dit-il en s'esclaffant, il venait d'apprendre qu'elle était la future madame Jacques François. Malgré mes protestations, il insista d'une façon à ce point irrésistible que j'acceptai, faisant toutes réserves sur l'attitude de ma compagne d'un soir. À ma stupéfaction, elle voulut bien m'accompagner. J'allai la chercher de nouveau chez elle et le malheur voulut que, ma voiture ayant eu du mal à démarrer, j'arrivasse avec dix minutes de retard. Elle m'accueillit en m'expliquant que j'avais tout à apprendre de la politesse et de l'exactitude américaines, ce que je trouvai assez piquant dans la bouche de cette émigrée autrichienne. Elle arracha d'un geste rageur un manteau de vison d'un cintre et la soirée se déroula, une fois encore, sans que nous ayons à nous adresser la parole grâce à la complicité de Sacha que j'avais mis au courant du caractère ombrageux de ma cavalière. Vint enfin l'heure de se retirer. Restaient près du vestiaire les quatre ou cinq derniers invités de Sacha : Charles et Pat Boyer, notre hôte, Hedy Lamarr et moi. S'étaient esquivés, avant nous, Barbara Stanwyck, Robert Taylor, Bing Crosby et j'en passe. J'allai chercher le manteau de vison de Hedy pour lequel, vu sa célébrité et mon retard, on ne m'avait pas donné de ticket à l'arrivée, et m'apprêtais à en couvrir ses superbes épaules quand elle me demanda la raison de cette plaisanterie, ce vison ignoble ne lui ayant jamais appartenu. Je rapportai l'objet à la dame du vestiaire qui m'affirma que c'était bien celui de miss Lamarr et que d'ailleurs ce ne pouvait être que le sien, puisqu'il ne lui en restait qu'un au portemanteau. Les ricanements précédèrent des hurlements, les serments que ce manteau n'avait jamais été le sien ! Quand on a la muflerie d'être en retard et qu'on ne prend même pas de ticket au vestiaire, une catastrophe est inévitable !

Le froid glacial de la Californie, où il fait environ 25° en février, obligea donc Hedy à faire contre mauvaise fortune bon cœur et à endosser, pour le retour, cette « ordure mitée ». Quand je la quittai devant sa porte, une pluie de menaces s'abattit sur moi ainsi qu'un chiffre en dollars qui me laissa sans voix. Le lendemain, Charles Boyer et Sacha de Manziarly, devinant ma détresse, me supplièrent de ne pas m'inquiéter. Ils me jurèrent que déjà tout était mis en œuvre par leurs soins pour retrouver l'objet perdu. Prenant mon grand courage à deux mains, j'appelai Hedy pour la supplier de me pardonner et de patienter, la police californienne était alertée ainsi qu'Interpol et très probablement le F.B.I !

Les jours passèrent. Aucun de ces trois organismes, tout au moins le premier, ne me donna le moindre espoir. Je faisais mes comptes, Lily Veidt les siens, l'horreur était à son comble. Mon grand ami Jean-Pierre était à Paris, alors que seul un immense fou rire avec lui eût pu dissiper mes tendances suicidaires. Je laissai passer un mois et, au moment où, pour la dixième fois, j'allais prévenir Hedy que l'enquête était au point mort, elle m'invita à dîner ! Après avoir cru un instant à une farce, je me rendis bien compte que c'était elle qui parlait avec une grâce et une décontraction dont je l'avais toujours crue incapable. J'acceptai son invitation en ajoutant que, malheureusement, aucun progrès côté vison n'avait été enregistré. C'est alors qu'elle répliqua :

– Je vous en prie, oubliez cela. Vous vous rappelez peut-être que vous étiez en retard l'autre soir. Dans ma précipitation j'ai pris le vison de ma femme de chambre au lieu du mien !

L'organisation rationnelle des loisirs n'est pas chose aisée même si, comme moi, on dispose au départ d'un atout majeur qui ne m'a jamais trahi : une incurable paresse dont j'ai, en définitive, assez peu profité. Pour occuper mon temps, je disposais d'un appartement, d'une voiture, d'un cheval et de quelques précieux amis. J'avais eu, au début de mon séjour aux États-Unis, l'impression de me trouver au pied d'un gigantesque arbre de Noël dont j'avais beaucoup rêvé. La chance me permit d'être admis dans l'intimité de nombreuses vedettes notamment Gene Kelly et sa femme Betsy Blair, que je devais retrouver bien des années après en Espagne. Gene Kelly devait se fracturer la cheville la première fois que j'allais chez lui. Il jouait au volley-ball sur sa pelouse. Il bondit démesurément en m'apercevant et en me lançant un bruyant « Welcome Jacques ! ». Mais il retomba très maladroitement, pour un danseur de son envergure, sur le gazon d'où il fut évacué sur un brancard.

Une autre de mes idoles, Joan Crawford, voulut bien me tendre la main. Je l'avais rencontrée à une grande soirée et, tournant le dos à l'entrée, je fus médusé par le profond silence qui s'établit en une seconde. Je vis tous les regards se diriger vers la porte. Joan Crawford était apparue dans une longue cape de vison blanc, la première que l'on voyait en Amérique et certainement la première que je voyais moi-même. Elle s'amusa beaucoup des histoires qu'elle me fit lui raconter, délaissant ses pairs pendant une grande partie de la soirée : Clark Gable, Mickey Rooney, Jack Benny, Edward Robinson et Gary Cooper.

Joan Crawford se débattait dans un film qu'elle haïssait, réalisé par le redoutable Michael Curtiz, aussi despotique qu'Otto Preminger, alors la terreur de Hollywood et dont on disait qu'il était le seul nazi juif réfugié aux États-Unis ! Elle me demanda de lui rendre visite sur le plateau le plus souvent possible pour lui tenir compagnie et surtout, je crois, pour promener son petit caniche « Clicquot » avant d'aller dîner chez elle.

Comment oublier un déjeuner chez le prestigieux George Cukor ? Autour de la piscine s'ébattaient une douzaine de jeunes gens entièrement nus et qui, tous, pussent servir en d'autres temps de modèles à Michel-Ange. Pas une dame ne participait à ce barbecue ! George Cukor, qui aurait pu être le père de tous ces éphèbes et le mien, cria :

– Elle arrive, remettez vos culottes !

Elle, c'était Greta Garbo. J'étais muet, paralysé, en extase. Elle s'assit en tailleur au milieu de nous et avec une drôlerie que je ne lui soupçonnais guère après l'avoir adorée dans des films aussi peu comiques que *La Reine Christine* et *La Dame aux camélias*. Cukor lui présenta certains d'entre nous, dont moi, qui jouai des coudes pour l'approcher.

Elle ne portait pas l'ombre de maquillage, était vêtue d'un short d'homme kaki et d'un T-shirt, les cheveux coiffés par le vent californien mais elle était d'une beauté à couper le souffle. Je ne l'ai jamais revue, mais c'était hier. À quelque temps de là, je racontai cette rencontre à Ginger Rogers. Elle me dit l'avoir croisée, l'année précédente, sur la Troisième avenue à New York et lui avoir demandé un autographe. Greta Garbo le lui avait refusé :

– Je ne donne jamais d'autographe, surtout aux gens que je ne connais pas.

Ginger Rogers était alors au sommet de sa gloire ! Elle lui expliqua respectueusement qui elle était.

– Cela ne me dit absolument rien, lui répondit Greta Garbo.

La fascination qu'exerçaient sur moi les personnages que je viens de citer commença à s'estomper sérieusement au bout de trois ou quatre mois. Je n'entendais pratiquement plus parler de Lily Veidt et me posais de très sérieuses questions sur l'urgence qu'il y avait eue à signer ce contrat diabolique et à venir m'installer en Californie, pour faire de la figuration dans quelques cocktails, risquer un interminable endettement pour remplacer le vison de mademoiselle Lamarr ou promener le chien de Joan Crawford. Il en fut ainsi pendant neuf mois. Neuf mois de vacances, quand rien ne vous a professionnellement encore vraiment fatigué, sont assez difficiles à supporter.

Tout cela pour avouer que rien ne tournait plus très rond. Enfin, le studio Universal daigna m'ordonner de suivre d'urgence les cours d'art dramatique qui allaient débuter dans ses locaux. Il s'agissait de découvrir des qualités aux nouvelles recrues, dont j'étais. Seule, la comptable de monsieur William

Goetz était au courant de ma présence en Californie. Je n'envisageai naturellement pas de me dérober. Quelques jours plus tard, sagement assis en rond autour d'un bedonnant professeur, ancien assistant de Lee Strasberg, fondateur de l'Actor's Studio, nous nous vîmes distribuer, Tony Curtis, Janet Leigh, quelques autres et moi-même, qui le monologue d'Henri V, qui la colère d'Othello, qui les sarcasmes du professeur Higgins ou encore une des grandes scènes d'amour de *Roméo et Juliette*. Je me vis attribuer le « Discours aux Comédiens » de *Hamlet*. Après de nombreuses matinées passées à décortiquer *Speak the speech, I pray you*, Biberman, notre maître, déclara qu'il était grand temps de me lancer dans l'improvisation et l'art du geste. Il me confia l'impérieuse mission d'incarner une perle recroquevillée au fond d'une huître. Elle refuse de se laisser saisir pour aller orner le doigt d'une dame. Sous les hurlements de rire des précités, je me roulai par terre, l'œil fixe, les genoux au menton, dans la position la plus fœtale possible. Je n'obtins de Biberman qu'une moue assez désapprobatrice. Son verdict sur mon exploit fut lapidaire :

– Jacques, *my boy*, je vous avais demandé d'incarner une perle blanche, or c'est une perle noire que vous venez de tenter de me représenter !

Sans commentaire.

Tout cela n'eût rien été si le cours d'art dramatique ne s'était pas assorti, quelques semaines après son inauguration, d'un cours de danse. Cette fois la coupe était pleine. Elle débordait même abondamment. Je refusai. La réponse ne se fit pas attendre : j'étais mis en « suspension ». La sagesse, la raison et le sens de la discipline me ramenèrent à celui du devoir. Je décidai donc de me rendre à ce cours.

J'assistai très exactement à trois d'entre eux. Se mettre à la barre passé dix ans est un peu tard. Notre professeur était une jeune femme d'une grande compréhension, mais elle ne put éviter qu'un jour une effroyable et réelle crise de nerfs s'emparât de moi, accompagnée de jurons en français et en anglais, de déchirements de vêtements et d'arrachages de cheveux que j'avais alors en abondance. Puis, ayant recouvré un semblant de calme, je me précipitai, toujours en tenue de danse, dans ma Studebaker et me dirigeai, en empruntant tous les sens interdits que je rencontrai, vers le bureau de monsieur Goetz, à un ou deux miles de la salle de répétition, en plein cœur de Universal City.

Accéder au bureau du président de la République, à l'Élysée, lorsque l'on n'y est pas attendu, est plus aisé que de parvenir jusqu'à celui d'un président de studio américain. Mais la fureur meurtrière qui devait être peinte sur mon visage, mon accoutrement et, de temps à autre, un juron lâché en français, clouèrent les secrétaires sur leurs fauteuils, plaquèrent les gardes du corps contre les murs et, en quelques secondes, je fus devant Goetz. Terrorisé, glacé, il me fit asseoir, me demanda mon nom, pria une de ses collaboratrices de lui apporter immédiatement mon dossier. Il se limitait à une ou deux feuilles de papier à en-tête du studio et aux deux photographies posées avec lui à mon arrivée. Le P.-D.G. se décida alors à me demander ce que je faisais là. Je lui posai à mon tour la même question. Ne se départant pas un instant de son sang-froid, il m'apprit que c'était par erreur que je me trouvais au studio Universal. En effet on m'avait « vendu » trois semaines auparavant à la Metro-Goldwyn-Mayer ! Là, on devait se demander pourquoi je ne mettais pas plus d'empressement à me présenter. L'achat de ma personne par la Metro était provoqué par la distribution d'un film dont les prises de vues étaient imminentes. Je quittai William Goetz à la seconde même, lui rassuré, moi épanoui, me précipitai chez moi pour échanger mon collant contre un blazer bleu marine, un pantalon gris, une cravate club et une chemise blanche, et je fonçai vers mon nouveau studio ayant un peu de mal à réaliser que j'étais la seule personne à n'avoir pas été informée de ces tractations.

On me présenta à mon futur réalisateur. C'était Chuck (Charles) Walters, grand spécialiste des films musicaux. Walters était un homme plein d'humour, très gai et optimiste, que le récit de mes aventures, la dernière surtout, enchanta. Je lui dois une réflexion qu'il m'a souvent faite depuis notre première entrevue. Devant mes angoisses et ma vulnérabilité, il me répétait sans lassitude :

– Jacques, *count your blessings*.

J'ai tenté bien souvent de faire le compte des bénédictions que j'ai reçues, mais toujours en vain, enfin presque toujours, hélas ! Walters me rassura tout de suite quant au rôle qu'il avait décidé de me confier après avoir vu mes essais parisiens. Je devais être, dans ce film intitulé *The Barkleys of Broadway* (*Entrons dans la danse*) celui qui, Dieu merci, ne chantait ni ne dansait, mais jetait le trouble dans le ménage de deux immenses vedettes de la comédie musicale. Il me réservait pour la fin la superbe surprise du nom de mes deux futurs partenaires : Ginger Rogers et Fred Astaire. Et les noms des auteurs de la musique et des chansons : Harry Warren et Ira Gerswhin.

Après une journée chez le tailleur qui devait en quinze jours m'équiper pour les besoins du film, le surlendemain devait être celui de ma présentation à ma partenaire. J'étais plus mort que vif, mais dans le ravissement. Chuck m'amena jusqu'à la loge qui lui avait déjà été installée à Culver City. Elle fut extraordinairement gracieuse, encourageante et drôle. Ginger Rogers finit par me demander en riant les raisons de mon attitude marmoréenne. Je sortis enfin de mon silence pour lui dire à peu près ceci :

– Madame, le fait de me trouver devant quelqu'un dont je collectionne les photographies et les disques depuis que je suis tout petit, et qui dans quelques jours sera dans mes bras, provoque mon mutisme.

Elle eut l'esprit de s'amuser beaucoup de ce chef-d'œuvre de maladresse et me conseilla très gentiment d'éviter à l'avenir de dire pareilles choses à mes futures partenaires, même si elles étaient un tout petit peu plus anciennes que moi dans le métier !

Le tournage commença à la date prévue, ce qui n'est pas très courant, et se passa dans une harmonie totale. Fred Astaire était un homme très réservé, très spirituel quand il racontait une histoire, ce qui était rare, et d'une bouleversante indulgence pour le quasi-débutant que j'étais. Le premier jour des prises de vues, j'avais à jouer une scène avec une vieille dame qui avait été une très grande vedette de Broadway : Billie Burke, veuve de Ziegfield, le pape de la comédie musicale, que chacun entourait d'une immense déférence. J'avais un tel trac, que j'avouai d'ailleurs, qu'à la troisième prise où je me « crottai », comme on dit à Paris, je vis apparaître une infirmière en blanc, munie d'une seringue. Le tournage fut interrompu un instant et, sans que quiconque manifestât la moindre surprise, elle me vaccina contre cette paralysie qui s'empare de tous les acteurs abordant pour la première fois un nouveau rôle. Les trois mois que dura cette entreprise furent sans histoire, à part le tournage de l'entrée au Conservatoire de Ginger Rogers qui, incarnant Sarah Bernhardt, dit en français, alors qu'elle ne parlait pas un mot de cette langue, *La Marseillaise.* Il s'agissait d'une scène que l'auteur dramatique que je jouais dans ce film avait écrite pour elle. Je me permis de rectifier respectueusement : Sarah Bernhardt avait dit à son concours d'entrée *Les Deux Pigeons,* mais ces petites bêtes n'évoquaient rien dans l'esprit du producteur. On me pria de me mêler de mes oignons, c'est-à-dire, poliment et affectueusement, de *mind my own fucking business.* Un après-midi, Judy Garland nous fit une visite sur le plateau. Elle n'eut de cesse que de faire des imitations d'un goût souvent discutable de Ginger Rogers après chaque scène enregistrée. Le moment que j'attendais arriva enfin ! Ginger, avec une brutalité étonnante, la fit mettre à la porte par les gardiens en uniforme du studio, après avoir tenté assez violemment de le faire elle-même.

J'ignorais alors que c'était elle qui devait jouer le rôle qu'avait Ginger Rogers et qu'on l'avait écartée à la suite de ses nombreuses crises dépressives.

Après l'interminable silence du *jet set* hollywoodien lorsque j'étais inemployé, et à partir du moment où je devins le partenaire de ces deux colonnes du temple cinématographique, je ne sus bientôt plus où donner mondainement de la tête. Je n'ai jamais vu, pendant les cent jours que durèrent les prises de vues, Fred et Ginger prendre un repas ensemble, profiter de la même voiture, se faire des blagues ou échanger des confidences. Ils demeuraient d'une souriante courtoisie l'un vis-à-vis de l'autre. Leurs deux noms, indissociables dans l'histoire du septième art, semblaient ne rien évoquer ni pour elle ni pour lui en dehors du cinéma. Ils en étaient à leur dixième et dernier film ensemble !

Le film achevé, la vie que j'ai décrite précédemment reprit dans la monotonie et l'absence d'imprévu. Je m'étais malheureusement habitué depuis quelque temps à une activité professionnelle et à des contacts humains qui, très rapidement, me manquèrent gravement. Je m'en ouvris à Lily Veidt, qui était mystérieusement réapparue dans ma vie depuis que je n'étais plus un petit jeune homme faisant du tourisme sur la côte Ouest, et lui demandai de s'informer des projets que la Metro-Goldwyn-Mayer avait pour moi. La réponse fut : « Aucun », avec, dans un sourire, le rappel que mon contrat était toujours valable et que je n'avais qu'à attendre qu'on eût à nouveau besoin de moi. Si le studio pouvait me rendre ma liberté au bout de chaque année écoulée ou, plus familièrement me mettre à la porte, rien ne m'autorisait, moi, à lui signifier que j'avais assez ri. Un minimum de réflexion me fut nécessaire pour demander une entrevue au producteur délégué du film. C'était Arthur Freed, dont le nom est lié à au moins cinquante films merveilleux : *Le Magicien d'Oz, Ziegfeld Follies, Show Boat, Un Américain à Paris, Chantons sous la pluie.*

Freed se montra fort humain, se rendit parfaitement compte qu'il était absurde de me refaire passer, sans vraie raison, une ou plusieurs années d'oisiveté totale. Il résilia donc mon contrat et me fit parvenir, comme convenu dans ses termes, mes billets de retour à Paris.

Au cours des dimanches passés chez Chuck Walters, j'avais rencontré le compositeur des opéras-minute (*Le Médium, Le Consul*), Gian Carlo Menotti, devenu célèbre par la suite. Il m'avait dit de le prévenir d'un éventuel passage à New York où il se ferait une joie de m'accueillir. Il partageait une très jolie maison à Mount-Kisco avec Sam Barber qui, lui aussi, devait devenir un des compositeurs les plus en vue des États-Unis. Je l'avertis de mon arrivée, décidé que j'étais à jeter tout de même un œil sur la Cinquième avenue, Greenwich Village, Central Park et l'Empire State Building.

Je quittai donc Los Angeles par le *Superchief*, le train qui m'y avait amené. J'étais à la fois soulagé et triste de n'avoir pas fait dans ce pays tout ce dont j'avais rêvé. J'y avais tout de même tourné un film, rencontré des gens illustres, et j'avais passé de longues soirées auprès de cet arbre de Noël qui faisait rêver tant de jeunes acteurs et qu'on juge presque toujours, et fort justement, inaccessible. Avais-je vraiment lieu de me plaindre ?

Lily Veidt voulut bien me conduire à la gare où elle était venue, seize mois plus tôt, m'accueillir. Elle m'affirma en m'embrassant tendrement que ce n'en était sûrement pas fini pour moi de l'Amérique. J'évitai Marshall Fields à l'étape de Chicago.

Gian Carlo Menotti m'attendait à Grand Central Station. Sa maison était très belle, bourrée d'invités très bruyants et c'est seul, dans une voiture qu'il avait louée pour moi, avec son chauffeur, que je visitai tout ce que je souhaitais voir à New York. J'eus le plaisir d'y rencontrer Jean Schlumberger, que Jean-Pierre Aumont avait prévenu de mon arrivée et qui dirigeait la bijouterie Tiffany, pour laquelle il créait des bijoux admirables qu'on s'arrache encore dans le monde entier. La veille de mon départ pour la France, après un séjour de trois ou quatre jours à New York, Gian Carlo Menotti m'invita à voir un spectacle que, disait-il, je ne devais manquer sous aucun prétexte. C'était, à Broadway, la dernière pièce de Tennessee Williams : *Un tramway nommé désir*. L'œuvre me plut beaucoup. L'interprète principal, qui avait exactement mon âge, m'éblouit littéralement et me plongea dans une admiration absolue. C'était sa seconde apparition à Broadway, après le « Marchbanks » de *Candida*. Il s'appelait Marlon Brando !

8

Cinecitta

Je retrouvai à la gare du Nord ma mère, venue m'y attendre. Je me rappelle avec une extrême précision ma première impression en retrouvant Paris : la taille ridiculement petite des voitures ! J'avais vieilli de seize mois. C'est peu, mais mon désenchantement était immense quand je songeais à ce qu'aurait dû être mon retour à Paris après ma « conquête de Hollywood ».

Puisque sans domicile, je m'installai à l'hôtel. Mon beau-père n'avait jamais admis que nous habitions lui et moi sous le même toit en dehors de celui de Saint-Martin-du-Tertre. Ils avaient, ma mère et lui, deux appartements à Paris. L'un, immense, place Victor-Hugo, ne servait qu'à ses consultations mais il m'était interdit d'y demeurer pour des raisons que je n'ai jamais comprises, alors que dans tant d'autres domaines il s'était toujours montré avec moi d'une extrême générosité. Pendant mon séjour à Hollywood, j'avais entretenu avec mes amis français une correspondance qui avait eu le bonheur de les amuser et de leur faire découvrir par ma plume, une parcelle mondialement célèbre de l'Amérique. Je n'étais pas réinstallé depuis une semaine, qu'un imprésario anglais, Derek Glynne, me demanda si j'accepterais de tourner dans un film à sketches tiré des nouvelles de Somerset Maugham. On imagine avec quel empressement j'acceptai. Je me rendis à Londres où, en toute simplicité, on m'avait installé à l'hôtel Savoy. Je fis la connaissance d'Alec Guinness qui ne tournait pas dans le film, mais était un intime de ma partenaire Kay Walsh. Nous devînmes des amis le temps d'un dîner chez le Prunier londonien et nous le sommes restés depuis.

La Rolls de la production venait me chercher extrêmement tôt pour me conduire au studio de Pinewood. Un matin, j'enfilai à la hâte un jean, mis mon rasoir électrique et ma brosse à dents dans ma poche et appelai l'ascenseur. Je le vis arriver à mon étage, piloté par une sorte d'amiral en grande tenue, qui était en fait l'adjoint du réceptionniste. Nous descendîmes, lui et moi, sans qu'il m'adressât le moindre salut jusqu'au sous-sol. La porte s'ouvrit. Je me trouvai dans une sorte de tunnel ressemblant assez tragiquement à une entrée d'égout. Je me permis de demander à mon guide pourquoi il m'avait fait descendre si bas alors que la voiture m'attendait devant la porte de l'hôtel. Il répliqua imperturbablement :

– Excusez-moi, monsieur, je vous avais pris pour le plombier.

Je passai deux ou trois week-ends chez la script-girl du film et ses parents à Windsor. Ils avaient une très jolie propriété et n'avaient manifestement pas contrarié le goût de leur fille pour le cinéma. Elle connaissait ma passion pour les chevaux. Ils en possédaient trois. L'un d'eux, Blue Bell, me fut confié pendant mes courts séjours. La forêt de Windsor est superbe et, plus grisant encore, la partie de ces bois qui jouxte le château royal est entourée d'une clôture balisée de quatre ou cinq portes seulement. Seule la reine et quelques-uns de ses amis en ont la clé et peuvent y galoper à leur aise. Ma script-girl en possédait une !

Du jour de mon retour à Paris, tout s'enchaîna professionnellement comme par miracle. Je n'eus pas le temps de me poser, comme je l'ai fait parfois depuis, la question : que vais-je faire maintenant ?

J'ai joué dans de nombreux films, soixante-quinze ou soixante-dix-huit, si ma mémoire est bonne. De tous ces films une dizaine ont compté pour moi. Le cinéma, je l'ai dit cent fois, n'est pas mon vrai métier, après que j'eus tant rêvé qu'il le fût. Il faut, pour être autre chose que ce qu'on appelle « un baladeur », un charisme, une décontraction et une disponibilité que je n'ai jamais eus et que je n'aurai jamais. Le charisme au cinéma tient du prodige. Personne ne peut vous l'enseigner, personne ne peut expliquer d'où il vient, pourquoi il apparaît un jour et disparaît le lendemain. Il y a aussi la mode. Il y eut celle des héros, des intemporels ou des martiens dans tous les emplois qui existent dans cet art, et ils sont innombrables. Il y eut celle de monsieur-tout-le-monde, mais le quotidien finit par lasser, et revint celle des séductrices irrésistibles et des jeunes premiers affolants. Tout est remis en question environ tous les dix ans. Le talent d'acteur importe peu dans ce va-et-vient qui fait rêver les foules de telle femme fatale ou de telle ingénue perverse.

J'ai très souvent rencontré des gens dont j'étais et suis encore aujourd'hui certain que j'aurais pu en faire des vedettes si j'avais été réalisateur de films.

Les intemporels traversent les modes avec une désinvolture qui n'appartient qu'à eux. Michel Simon a été sollicité toute sa vie, Henri Garat a tôt disparu des écrans et Pierre Fresnay a joué tout ce dont il avait envie jusqu'à sa mort. Mais que sont devenus tant d'autres ? Il serait ridicule de nier l'apport du vrai talent dans la réussite d'une carrière cinématographique, mais je crois qu'il est entendu une fois pour toutes qu'un acteur de théâtre peut éventuellement devenir un acteur de premier plan au cinéma, Michel Serrault en est un exemple, alors que l'on n'a jamais ou presque vu une actrice d'un grand renom sur les écrans remplir les salles de théâtre, Danielle Darrieux mise à part. La disponibilité, que j'évoquais aussi il y a un instant, joue un rôle capital. Un film est, quatre-vingt-dix-neuf fois sur cent, tourné dans le désordre et décor par décor. Ainsi, vous êtes effondré de douleur au pied du lit de votre femme qui vient de mourir et, quinze jours plus tard vous apparaissez en larmes dans le salon, après avoir doucement refermé la porte de la chambre, pour annoncer à vos enfants qu'ils n'ont plus de maman. Cela le plus souvent après un déjeuner pesant à la cantine du studio, où, de tous côtés, jaillissent les plaisanteries les plus subtiles ou les plus épaisses.

La « caravane » privée est un merveilleux secours pour s'isoler. Certains d'entre nous, beaucoup même, ont cette merveilleuse faculté de faire abstraction de tout ce qui s'est passé en dehors du plateau pendant une heure, ou dans leur vie pendant quinze jours, et d'enchaîner deux séquences comme si elles avaient été filmées à dix minutes d'intervalle. Cela est également valable dans les situations comiques. Je n'ai pu, moi, que très difficilement m'y faire. Heureusement on m'a rarement demandé de telles acrobaties.

En outre, si un acteur se rapproche physiquement de lord Byron, il est extrêmement rare qu'on lui demande de jouer le rôle d'un routier belge bourré de bière brune. Si vous avez été une fois, avec un certain succès, président-directeur général d'une société, vous passez rarement à l'emploi de magasinier équivoque. Si vous êtes crédible dans le rôle du ministre de l'Intérieur, minces sont les chances de vous retrouver dans celui d'un C.R.S. impliqué dans un trafic d'armes. C'est exactement ce qui m'est arrivé à quelques très rares exceptions près. Ces exceptions ont toujours été dues à la curiosité des réalisateurs de savoir jusqu'où ils pouvaient me mener, d'autres fois à leur confiance, enfin, plus rarement, au fait de m'avoir vu au théâtre dans des emplois extrêmement différents les uns des autres, je veux dire passant de duc et pair du Royaume-Uni au costumier alcoolique et homosexuel, ou du prince russe réfugié au colonel S.S. torturant les détenus du camp de concentration qu'il commande.

Je n'ai, pour me résumer, à peu près jamais fait ce que je souhaitais au cinéma et rarement à la télévision. En revanche, j'ai fait, à deux ou trois exceptions près, exactement ce que j'ai voulu au théâtre. J'y ai joué soixante-dix-neuf pièces, dont trois pour nous nourrir, les miens et moi. C'est peu, on en conviendra, alors que sur le même nombre de films ou d'émissions télévisées, je n'en trouve qu'une dizaine dignes de mon souvenir et se définissant par un autre qualificatif qu'« alimentaires ».

L'enchaînement que j'évoquais plus haut se manifesta après le film anglais par une proposition qui aujourd'hui encore me laisse rêveur.

Je ne parlerai ici que des films ou émissions de télévision qui m'ont laissé un souvenir précis par la folie complète qui présida à ma participation, les situations vaudevillesques où ils ont pu me mettre, les personnages qu'ils m'ont permis d'approcher et enfin, infiniment plus rarement, hélas ! le respect et l'estime que m'inspirait et m'inspire toujours le talent de ceux qui les réalisent.

C'est ainsi que l'on sollicita mon concours pour une nouvelle version de *Roméo et Juliette* à tourner en Calabre et se situant dans deux familles paysannes de cette province. Il s'agissait naturellement d'y interpréter le rôle de ce Roméo calabrais, ce qui s'imposait tout naturellement, étant donné mes cheveux blonds et mes yeux bleus. La Juliette de l'aventure était, elle, déjà trouvée. Il s'agissait, on l'aura deviné, de la femme du producteur du film. Cette femme était une des actrices les plus célèbres de l'Italie de la dernière guerre et même des années qui immédiatement la suivirent. Cela se situe en 1950 ou 1951. Elle s'appelait Isa Miranda. Elle était fort belle, un peu à la façon de Marlène Dietrich, c'est-à-dire aussi peu calabraise que possible et, à très peu d'années près, elle eût pu être ma mère. Ai-je besoin d'écrire que rien de tout cela ne présentait pour moi le moindre inconvénient ? Dans ma dangereuse absence de jugement, j'imaginais que ce n'est qu'en tournant film sur film que l'on devient une vedette et, plus sordidement, que tant que les dollars, les livres sterling ou les lires vous sont offerts dans ces proportions, il faudrait être saint François d'Assise pour les refuser, comme il refusa la fortune de son père, don Bernardone. Je ne veux relater que deux épisodes assez croustillants de ce *Pacte avec le Diable* qui a été projeté une seule et unique fois, sous les huées et en ma présence, au festival de Venise, avant que toutes les copies ne fussent rachetées et brûlées par Isa Miranda et son mari !

Le premier a trait à mon premier baiser de cinéma. Je n'avais été autorisé jusque-là qu'à poser mes lèvres sur la main de Ginger Rogers. Il en alla tout autrement à Cinecitta où Isa Miranda devait échanger des baisers frénétiques à longueur de bobines avec son Roméo teint en noir et frisé au petit fer tous les matins ! J'avais, en naissant, les dents du bonheur, seul point malheureusement de commun avec Yannick Noah ! Sur les conseils de Marcel L'Herbier je m'étais fait limer ces deux dents, « imphotographiables », selon lui, et des incisives à pivot les avaient remplacées, m'assurant un sourire sans rival. La sauvagerie du premier baiser que m'administra – je ne trouve aucun verbe qui puisse mieux décrire son geste – la divine Isa Miranda, déchaussa une de ces incisives et, comme on avale un noyau de cerise, elle n'en fit qu'une bouchée. Le film fut une première fois interrompu pendant la journée nécessaire à la fabrication, puis à la pose, d'une nouvelle dent, l'originale paraissant irrécupérable ! Ce ne fut que la première interruption de ce chef-d'œuvre. Bien des semaines plus tard, pendant lesquelles je mesurais à chaque instant le grotesque de l'entreprise et de ma situation, l'équipe et les acteurs se transportèrent à Reggio di Calabria pour les extérieurs. Luigi Chiarini, le réalisateur, devait y filmer un bal paysan dont Isa Miranda et moi étions naturellement les héros. Pour obtenir un effet cinématographique digne de Cecil B. De Mille, il nous fit monter sur une sorte de minuscule plateau à un mètre cinquante du sol, lequel devait tourner de plus en plus vite pendant que nous nous trémoussions pour un gros plan à inclure dans cette bourrée calabraise.

J'ai toujours été sujet au vertige, que ce soit en haut d'une échelle ou sur la terrasse du World Trade Center. Il me saisit là un peu plus bas que d'habitude. Le sol était fait de pavés inégaux et anguleux, je m'en aperçus très vite. Très vite aussi la frayeur me saisit de tomber du disque tournant et de m'aplatir sur ces pierres. C'est ici que, je dois le confesser, une des plus basses actions de ma carrière fut commise. Sentant arriver le moment où j'allais être la proie d'un étourdissement suivi d'une chute sur les pavés, je me dis qu'il serait plus confortable, et moins dangereux, de m'écrouler sur Isa Miranda, transformée en matelas, que sur ce sol rébarbatif et surchauffé. Ce qui fut pensé fut fait. Vint le moment où je perdis l'équilibre et où, dans une dernière seconde de lucidité, je m'écroulai en ayant soin de faire tomber « la Miranda » sous moi. Je m'aplatis sur elle. Un bruit d'os brisés ameuta toute l'équipe. La diva avait deux côtes endommagées. *Le Pacte avec le Diable* fut interrompu pendant une période de deux semaines que j'allai passer à l'hôtel Quisisana de Capri. Le film terminé, je m'arrêtai quelques jours à Rome avant de regagner Paris. J'y consacrai une matinée à une audience pontificale. Il me fallait bien rencontrer le pape après une si vilaine action ! Je m'étais lié pendant mon séjour à Rome avec Laetitia Boncompagni, dont le frère était camérier secret. Il obtint que je fusse admis à une audience privée, c'est-à-dire que le souverain pontife recevait ces matins-là douze personnes à la fois au lieu de trois cents. L'attente, dans un des salons du Vatican, fut longue et impressionnante. Soudain, une porte s'ouvrit à deux battants, un prélat hurla : « Il Santo Padre » et, tel un rayon de lune perçant les nuages, Pie XII apparut, squelettique et transparent, marchant à une incroyable vitesse dans sa soutane blanche. Il vint vers moi. Je mis un genou à terre, lui baisai la main, tandis qu'un autre prélat murmurait mon nom et ma profession. Il sourit pendant la moitié d'une seconde, me bénit, murmura « auguri » et me remit une minuscule médaille que j'ai depuis égarée comme les deux tiers de ce que j'ai possédé au cours de mon existence.

La soirée du même jour fut plus païenne. J'eus la chance d'assister à une extraordinaire représentation de la pièce de Tennessee Williams, celle que j'avais vue à New York et qui s'appelait cette fois *Un Tram que si chiama Desiderio* interprétée par un jeune acteur de génie : Marcello Mastroianni.

9

Les jeux sont faits

À mon retour en France, Marcel Herrand me demanda de jouer la seconde pièce de Gabriel Arout : *Le Bal du lieutenant Helt*. J'étais dans la joie de retrouver le théâtre des Mathurins non plus comme élève mais comme acteur. Michèle Alfa, Lise Topart et Michel Auclair étaient les autres interprètes de la pièce. Elle était excellente et je me rendais tous les soirs au théâtre comme à une réunion d'amis intimes, ce qui est assez exceptionnel. Cela dura de longs mois.

En même temps que prenait fin la brillante carrière du *Bal du lieutenant Helt,* je tournai *Édouard et Caroline* de Jacques Becker, dans lequel j'étais le partenaire de Daniel Gélin et d'Anne Vernon.

L'importance de Jacques Becker dans le cinéma français est connue. Il y a apporté de l'air frais autant par les sujets qu'il a choisis que par la manière dont il les a traités. Il y eut *Antoine et Antoinette,* chronique d'un jeune ménage d'ouvriers parisiens, *Rendez-vous de juillet,* peinture de la génération fanatique de jazz et *Édouard et Caroline* ou la vie d'un jeune couple bohème. Tous ces films ont marqué l'apparition à l'écran d'une nouvelle vague de comédiens qu'on pourrait dire celle de l'après-guerre.

C'est pendant le tournage de jour et ces représentations du soir que Raymond Rouleau me demanda de passer de toute urgence au théâtre Michel, proche des Mathurins pour y prendre le manuscrit d'une pièce à propos de laquelle il me demandait, selon son habitude, une réponse dans la nuit même. J'avais, on le voit, peu de loisirs, mais la perspective de travailler avec Raymond, mon premier professeur, me séduisait infiniment. Je lus la pièce entre minuit et deux heures du matin et donnai mon accord sans hésiter. Il s'agissait de *Dominique et Dominique* de Jean Davray.

Dominique et Dominique présentait l'avantage d'avoir été écrite par un monsieur qui était le copropriétaire des Sources Perrier. Grâce à quoi il n'y eut pas à chercher de producteur. Raymond Rouleau la mit en scène et ce fut grâce à lui que je fus imposé. Imposé est le mot : Jean Davray ne voulait pas de moi.

Pour tenir le principal rôle masculin la plupart des jeunes comédiens furent auditionnés. Inutilement, Rouleau fit le forcing auprès de Davray : « Il n'y a pas une hésitation à avoir. Si vous ne voulez pas de Jacques François, je renonce à la mise en scène. » L'autre s'inclina. Le spectacle eut beaucoup de succès : moi aussi, je dois le dire.

C'est Marie Laurencin qui dessina le décor et les costumes. Je commençais vraiment à avoir « la grosse tête » ! Cette succession de propositions qui, depuis quelque temps, aboutissaient toutes à des succès – puisque *Maître après Dieu*, le film de Louis Daquin dont Pierre Brasseur était la vedette et Loleh Bellon et moi les autres interprètes, avait, dans mon emploi du temps, immédiatement succédé à *Édouard et Caroline* – m'étourdissait. Cette « grosse tête » me fit adopter une attitude complètement idiote vis-à-vis de mes futurs partenaires de *Dominique et Dominique.* Elle consista à les ignorer à peu près complètement. Je fus avec eux d'une politesse glacée qui s'agrémentait d'une condescendance que, bien des années plus tard, j'imagine intolérable. J'écorchai involontairement le nom de ma principale partenaire, Madeleine Delavaivre, que je m'obstinai à appeler madame de la Voraigne. Elle bénéficia d'une insigne marque de distinction : elle fut la seule, parmi toutes les partenaires que j'avais eues avant elle et que j'ai eues depuis, à ne pas recevoir la moindre fleur de ma part le soir de la répétition générale. Ce n'était pas une grossièreté voulue, mais ma carrière et ma célébrité prenaient de jour en jour une si grande et si ridicule importance, que j'en oubliais les traditions les plus élémentaires de la politesse et de la bienséance. À ce manque de délicatesse et à cette ridicule prétention, on m'autorisera peut-être à trouver une excuse.

Je me liai à cette époque avec une jeune femme belle et intelligente qui avait des projets très précis en ce qui concernait notre avenir, qu'elle voyait commun. Or, cette femme, qui avait beaucoup des raffinements qui pouvaient me séduire, avait décelé que l'alcool, dont je n'avais fait jusqu'à ce que je lui fusse présenté, qu'un usage exceptionnel, me mettait, au pied de la lettre, dans un état « second ». Cet état était souvent perceptible, mais quelquefois moins. Il avait pour résultat d'anéantir chez moi toute espèce de volonté, de dignité, d'« intelligence » de ce qui se passait autour de moi. En un mot, je ne tenais, selon l'expression consacrée, absolument pas le coup !

Assez perfidement, cette dame avait envisagé que l'alcool me conduirait jusqu'à elle d'une façon définitive. C'est ainsi que, pendant plusieurs années, je passai de l'équilibre au déséquilibre avec une confondante rapidité, de la modestie à la prétention et des manifestations de bonne éducation à une grossièreté inqualifiable, jusqu'à ce que, un superbe matin, je tirasse un trait radical, et maintenant très ancien, sur ces libations navrantes et ces nuages de fumée qui eussent dû avoir définitivement raison de moi.

Pour en revenir à *Dominique,* après cette confession douloureuse, j'eus même, à la fin des répétitions, l'attendrissante naïveté de déclarer à Louis de Funès, qui jouait un petit rôle dans la pièce – et le jouait superbement :

– Je serais surpris, monsieur, que vous ne fassiez pas une carrière assez brillante.

Cc qu'il voulut bien oublier, puisqu'il me réclama dans plusieurs de ses films lorsqu'il devint l'immense vedette que l'on sait. Je me dois aussi, pour remettre un peu les pendules à l'heure, de citer cette courte scène entre Pierre Brasseur et moi pendant le tournage de *Maître après Dieu.* Il me fit un jour demander de venir dans sa loge, où je me rendis d'assez mauvaise grâce, le trouvant assez désinvolte de me déranger de la sorte par l'intermédiaire du premier assistant de Daquin.

– Dis-moi, mon vieux, es-tu content de la séquence qu'on vient de tourner ?

– Content dans quel sens, monsieur ?

– Dans ton sens à toi, parce que j'ai rarement vu quelqu'un avoir l'air aussi satisfait de ce qu'il venait de faire.

– J'ai en effet l'impression d'avoir fait très correctement ce que monsieur Daquin souhaitait.

– C'est exactement le contraire de ce qu'il vient de me dire, et comme personnellement je t'ai trouvé à chier, on retourne la scène dans dix minutes. C'est tout ce que j'avais à t'apprendre, mon petit bonhomme.

Ce *flashback* est un peu l'explication de mon impopularité d'alors auprès de beaucoup de mes collègues. Malgré l'hostilité de son auteur, Jean Davray, qui avait tout fait pour que Raymond Rouleau ne me confiât pas le rôle de Dominique, la pièce fut un grand succès et « madame de la Voraigne », Lucien Nat et Louis de Funès furent très justement associés au triomphe du principal interprète. On me pardonnera peut-être ma façon de m'exprimer quand on saura que je ne fais que recopier les termes employés par les critiques du moment.

La télévision, elle aussi, commençait à me faire les yeux doux par l'intermédiaire de ceux d'Odette Joyeux. Son mari, Philippe Agostini, était un des directeurs de la photographie les plus recherchés de France. Il se lança dans la réalisation avec deux pièces dont Odette était l'héroïne : *L'Homme qui a perdu son ombre* et *Le Château du carrefour.* C'était encore l'époque effroyable du direct. Ce procédé posait des problèmes quasi insurmontables.

Dans *L'Homme qui a perdu son ombre,* Gérard Oury, depuis passé de l'autre côté de la caméra, jouait l'autre rôle masculin. Nous étions, l'un et l'autre, dans un moment de légère difficulté financière et je me souviens très bien d'appels téléphoniques alarmés et nocturnes entre Gérard, sa femme et moi, pour savoir si l'un de nous avait reçu son chèque. La réponse était depuis un bon moment négative de part et d'autre. Nous envisagions très simplement de faire un procès à la Télévision française, quand, enfin, le modeste chèque que nous attendions nous parvint.

Je passe sur les films, les émissions de télévision assez médiocres que j'ai tournés à cette époque. J'ai, pendant quelque temps, cru que *Mon gosse de père, Trois Femmes, Le Père de mademoiselle* feraient de moi une vedette de cinéma. Comme on sait, il n'en fut rien. Ces films ou ces émissions de télévision entrent donc dans la catégorie de ce que j'appelais tout à l'heure mes activités alimentaires. Le troisième que j'ai cité me procura l'honneur de donner la réplique à la jeune mademoiselle Arletty. Ceux qui ont la chance de la connaître comprendront l'expression que je viens d'employer la concernant. Arletty a toujours été et est toujours un prodigieux exemple de jeunesse d'esprit et de corps. Les malheurs graves et les injustices stupides dont elle a été la victime n'ont eu aucune prise sur elle. Des femmes et des hommes sensiblement plus jeunes qu'elle quittent la rue Rémusat, où elle vit, avec vingt ans de moins, quand elle a bien voulu leur consacrer vingt minutes. Sa photographie, affectueusement dédicacée, est posée chez moi entre celles de Pierre Fresnay et de Laurence Olivier.

Odette Joyeux devait refaire appel à moi pour une pièce qu'elle avait écrite, *L'Enfant de Marie.* Nous devions la créer à Bruxelles dans une mise en scène de Robert Hirsch. Il était déjà très célèbre par ses prodigieuses prestations à la Comédie-Française, mais un peu moins pour ses mises en scène qui, me semble-t-il, devaient trouver avec la pièce d'Odette Joyeux, leur première et ultime manifestation. Odette me pardonnera peut-être de n'avoir pas gardé un souvenir ineffaçable de *L'Enfant de Marie*, en dehors d'une nuit passée dans un assez modeste hôtel de Bruxelles avec Robert Hirsch. Lui et moi y partageâmes la même chambre, dans un souci d'économie qui se faisait sentir pour nous deux à ce moment-là. La chambre voisine de la nôtre était occupée par un couple belge qui, à l'entendre, devait être extraordinairement uni. Rentrés du théâtre vers une heure du matin, nous écoutâmes avec une curiosité passionnée, interrompue par des fous rires délirants, ce qui se passait derrière une cloison épaisse comme un carton à dessin. La dame, objet de tant d'attentions, ne prononçait qu'une seule phrase, qu'elle avait répétée deux cents fois quand sonna la quatrième heure de la matinée à Sainte-Gudule :

– Albert, Albert, qu'est-ce que tu me fais ?

Cette originale et unique réaction passait du rugissement au lamento et de l'ivresse aux reproches ravis. Le problème commença à se poser pour Robert et moi de savoir comment nous allions pouvoir dormir un instant. À un « qu'est-ce que tu me fais ? » un peu plus bestial que les autres, Robert se leva, alla se poster contre la porte de communication fermée à clé qui séparait les deux chambres et hurla de toutes ses forces dans le trou de la serrure :

– Il vous baise, madame !

Robert Hirsch n'est pas quelqu'un de très facile à vivre malgré une affection qui s'est rarement démentie entre nous, mais, grâce à cette intervention dans la vie d'Albert et de sa compagne, tout lui sera toujours pardonné.

À quelque temps de là, Gaby Sylvia me proposa d'être son partenaire dans une reprise de *La Petite Catherine* d'Alfred Savoir, au théâtre des Bouffes-Parisiens. Les choses se déroulèrent normalement jusqu'à la première de gala qu'honorait de sa présence Vincent Auriol, alors président de la République. Dans une des scènes de la pièce, le tsar Pierre était enfermé par sa femme dans un cachot qui se situait, en principe, sous la scène du théâtre. Maurice Teynac, qui jouait le rôle de ce malheureux souverain, poussait des cris de bête à fendre l'âme. Ses geôliers faisaient régner sur le plateau un climat d'effroi du meilleur effet, paraît-il, effet d'autant plus brillant le soir de ce gala, que les nombreux policiers et gardes républicains affectés à la sécurité de Vincent Auriol se précipitèrent sur la scène au beau milieu du deuxième acte, convaincus que la vie du chef de l'État était menacée par un groupe de terroristes ayant envahi le théâtre. On baissa le rideau et, dix minutes plus tard, le spectacle reprit jusqu'à ce que Vincent Auriol vînt nous féliciter en fin de soirée et nous prier d'excuser le zèle de ses gardes du corps.

Peu après, je jouai Aramis dans *Les Trois Mousquetaires* qui en étaient à leur vingtième version cinématographique. Sur un « partez ! » inattendu d'André Hunebelle, je n'eus que le temps de dissimuler ma cigarette sous ma cape de velours avant de franchir le seuil de la demeure de Milady. Le lendemain, « visionnant » ce qui avait été tourné la veille, André Hunebelle et ses assistants remarquèrent bien évidemment le nuage de fumée qui sortait de ma cape. Le décor de cette rue Louis XIII avait été démoli dans la nuit. Il était hors de question de retourner la scène. Hunebelle eut alors une idée lumineuse : celui ou celle des spectateurs qui décèlerait une anomalie pendant la projection du film en salle, prévue pour quelques mois plus tard, gagnerait un voyage pour deux personnes aux Caraïbes. Il lui suffirait d'écrire au producteur et d'indiquer sa découverte. La production reçut environ huit mille lettres dont chacune signalait une erreur de costume, de date, de décor, de coiffure, de harnachement des chevaux ou de dialogue, mais pas une ne fit allusion à la « Winston » d'Aramis.

10

Théâtre très « privé »

J'ai toujours dissocié presque complètement l'acteur de l'homme que je suis. Les humeurs, les angoisses, les joies, les ambitions et les désillusions de l'un n'ont pas grand-chose à voir avec celles de l'autre. Elles se mélangent ou se complètent quelquefois, mais pas toujours. Lorsque j'étais très jeune, rien ne m'empêchait de partir en vacances au moment même où on sollicitait ma participation à un film ou à une pièce. Je n'ai pas joué *Beckett* de Jean Anouilh parce que je vivais à l'époque à New York où il m'avait envoyé ce chef-d'œuvre. J'y vivais une passion dont je ne doutais pas qu'elle dût avoir dans ma vie une importance considérable, voire définitive. Ce fut, comme tant d'autres fois, un douloureux échec. *Beckett* fait partie des occasions manquées par la faute de passions également « manquées ».

Il se passait aussi dans ma vie familiale des événements assez hauts en couleur. Ils situeront un peu mieux le climat dans lequel je vivais quand je n'étais ni maquillé ni costumé.

Ma mère et mon beau-père avaient divorcé. C'était, m'avait-on dit, pour des raisons de commodité financière et fiscale. Je n'en avais, bien entendu, pas cru un mot mais, pour que la bonne entente continue à régner entre nous trois, j'avais fait semblant d'être dupe de ce petit manège. Curieusement, ils continuaient à porter le même nom, à cohabiter et à avoir les mêmes amis, les mêmes soucis et les mêmes distractions.

Après avoir occupé un certain nombre d'appartements, avoir logé dans d'innombrables hôtels, qui allaient, selon l'état de mes finances, du Crillon ou du Ritz à une pension de famille de la rue Racine, j'avais fini par m'installer dans un rez-de-chaussée à deux pas de l'avenue Montaigne. J'y prenais peu de repas et en tout cas à peu près jamais ceux de midi. J'étais tous les jours, ou presque, invité à déjeuner place Victor-Hugo, chez mon beau-père. Un jour, ma mère, dont la vie mondaine restait agitée, dit devant moi à son mari :

– Vous n'oubliez pas, André, qu'après-demain nous dînons chez les X...

– Sûrement pas moi, lui répondit-il, après-demain je ne serai pas à Paris.

– Et où serez-vous ?

– En voyage.

– Vous allez opérer à l'étranger ?

– Non, je pars.

– Vous partez pour longtemps ?

– Pour toujours.

Mon beau-père avait préparé secrètement depuis des mois son départ pour l'Uruguay. Il y avait acheté sans la voir une maison à Punta del Este. Il n'avait jamais pardonné à la France de l'avoir mis en prison pendant quelques jours à la Libération sur des dénonciations calomnieuses d'éminents confrères qui l'avaient accusé de collaboration, d'antisémitisme, que sais-je, alors qu'il avait soigné secrètement des dizaines de Juifs et en avait protégé la fuite. Il n'avait jamais manifesté publiquement de sympathie en faveur des Allemands. Le lundi où sa retraite lui était signifiée, en même temps qu'on lui remettait la plaque de grand-officier de la Légion d'honneur, il annonçait son départ définitif pour l'autre bout du monde. Le mercredi suivant, il disparaissait définitivement de nos vies, de son pays et de la profession sur laquelle il régnait. Je ne devais plus jamais le revoir.

Mon beau-père avait été pour moi un soutien de tous les jours. Il personnifiait, à mes yeux, la compréhension et le tact et s'était, avec une générosité inépuisable, occupé de ma jeune sœur infirme jusqu'à sa mort. Je ne garde de lui qu'une lettre bouleversante, pleine de philosophie résignée et de vœux pour mon bonheur. Il me fit un jour cette confidence : dans sa spécialité, à peu près inégalée en Europe, il fut l'objet d'honneurs innombrables. La fortune considérable qu'il amassa grâce à une activité surhumaine et une conscience professionnelle sans faille, ne lui épargnait pourtant pas un ennui profond. Son ambition avait toujours été de devenir officier de marine. Il avait été propulsé dans la chirurgie par l'autorité d'une mère terrifiante, elle-même veuve d'un petit médecin de campagne de la région de Saulieu. Quelques-uns de ses élèves, devenus à leur tour d'éminents praticiens, me parlent toujours de lui avec émotion, respect et reconnaissance. Il est mort, comme je l'ai dit, sans que je l'aie revu. Il a fait disperser ses cendres au large de Montevideo, dans l'océan Atlantique.

À la suite de ce départ, s'installa dans la vie de ma mère un certain désordre qui nous éloigna l'un de l'autre. André l'avait laissée dans un grand confort. Elle était très belle, s'habillant admirablement, elle était très sûre d'elle et quelquefois très drôle, je l'ai déjà écrit ; cette liberté absolue recouvrée, alors qu'elle était au mieux de sa forme et faisait encore battre bien des cœurs, lui fit perdre la tête. Je ne pouvais m'empêcher d'en souffrir, ou d'être choqué par le désir de complicité qu'elle espérait obtenir de moi. Je le lui manifestais de temps à autre, ce qui nuisait assez sensiblement à nos rapports, malgré de fréquentes rencontres. Elle vendit sa maison de campagne et s'installa rue de Seine où elle continua à recevoir beaucoup, à s'amuser plus encore et à dominer avec beaucoup de charme, mais sans beaucoup de discernement, un groupe assez important d'admirateurs et d'admiratrices. Elle leur imposait ses goûts et les menait très exactement à la baguette. Elle pensait pouvoir adopter la même attitude avec moi et se mêlait à ma vie professionnelle, assez fière de ma petite réussite. Elle tentait de participer également, sans guère de discrétion, aux fluctuations de ma vie privée, qui, à l'époque, passait par de nombreux hauts et de beaucoup plus nombreux bas.

J'ai la conviction étrange que ma mère ne m'a jamais considéré comme son fils, mais comme un des hommes de sa vie. Ellc avait la certitude qu'elle pouvait me régenter comme elle régentait ceux et celles, qui, presque jusqu'à sa fin, furent à ses pieds. C'est ainsi qu'elle me dit un jour, avec une amertume non dissimulée :

– Dire que pendant trente ans tu as été le fils de Madeline Bergeret, et que maintenant me voici la mère de Jacques François.

Elle commit d'irréparables impairs. Je l'avais par exemple priée pendant certaines de mes absences de répondre en mon nom à des offres de collaboration. Elle traitait avec un souverain mépris tout ce qui lui échappait ou n'était pas de son goût. J'avais parfois un certain mal à remettre les choses à leur vraie place.

– Il est hors de question que mon fils s'intéresse à une pièce de ce monsieur Ionesco dont je n'ai personnellement jamais entendu parler ni lu une ligne.

C'était une de ses répliques que l'on me citait bien souvent.

Probablement grâce à tout ce que je viens de raconter, l'amitié vraie et l'affection spontanée ont pris dans mon cœur et mes goûts le pas sur ce qui, traditionnellement, devrait être le soutien affectif familial. Je n'en n'avais que fort rarement bénéficié de la part de mon père, beaucoup de celle de sa famille, fort peu de celle de ma mère, jamais en tout cas de la part de sa famille à elle. Seuls mes grands-parents américains m'avaient manifesté quelque tendresse dans mon enfance. Ma famille a donc été remplacée par des amis d'adolescence. Certains que j'avais connus au collège ont eu la patience de parcourir à mes côtés ma vie de jeune homme et d'homme, bien que mes occupations soient très différentes des leurs. Seule compte la solidité du fil qui, pour des raisons infiniment diverses, attache un cœur à un autre. L'art précolombien, par exemple, qui fascine un de mes meilleurs amis, a peu de points communs avec celui d'une pièce de Tourgueniev, mais la passion éprouvée pour l'un ou pour l'autre ne saurait en rien être entamée par la méconnaissance que les passionnés ont de la passion de leurs amis.

Lorsque acheva d'être détruite définitivement, après avoir été très atteinte bien des années auparavant, la cellule familiale des François, il me fallut, pour conserver un semblant d'équilibre, en reconstruire une autre.

Deux femmes, qui étaient chacune en âge d'être ma mère ou à peu près, furent à la base de ce rétablissement. L'une était Marion Delbo, avec qui j'ai beaucoup joué et beaucoup voyagé. L'autre fut Madeleine Marceron, qui ne connaissait le théâtre que par personne interposée, mais avait une passion pour tout ce qui le touchait. Elle avait eu un fils tué tragiquement pendant la guerre et j'ai imaginé longtemps remplacer un peu ce malheureux garçon. La tendresse de Madeleine pour moi n'était pas toujours souriante ou aveugle. Elle connaissait mes graves et nombreux défauts et tentait de m'aider à en venir à bout. Elle le faisait parfois avec une certaine sévérité, dont je lui savais immédiatement gré, mais le plus souvent avec une compréhension extraordinairement enrichissante.

Marion Delbo possédait une maison merveilleusement pittoresque à Saint-Brice-sous-Forêt. Cette maison avait appartenu à Jean-Jacques Rousseau. J'eus le bonheur d'y rencontrer la plupart de ce qui comptait dans la vie artistique parisienne, ou qui s'en approchait, je veux dire que j'y côtoyai chaque week-end des invités aussi divers, mais aussi proches les uns des autres, que les Jouhandeau, Francis Poulenc, Marie-Laure de Noailles, Jean-Jacques Gautier, Hervé et Nicole Alphand, Henri Sauguet et beaucoup d'autres.

Madeleine Marceron, elle, avait une très jolie petite ferme aménagée à quelques kilomètres de Saint-Tropez. C'était, comme celle de Marion, et selon l'expression américaine, une « maison ouverte ». Nous sommes quelques-uns et quelques-unes à y avoir fait d'inoubliables séjours. Madeleine connaissait tout le monde dans la région et c'est de chez elle que j'ai vu ce minuscule port de pêche devenir un des hauts lieux du tourisme mondial.

En dehors de nombreux séjours que je fis chez Madeleine Marceron, avec ou sans son mari, avec ou sans Pierre Bertin, avec ou sans celles ou ceux qu'elle me permettait d'inviter chez elle, je louais un cabanon perdu dans les vignes ou les pinèdes. Je menais alors une existence d'une indépendance et d'une liberté absolues. Ce qui, à d'autres, pouvait sembler une anthologie de la dissipation était, pour être tout à fait sincère, une sorte de panoplie qui me cachait ma solitude à mes propres yeux.

Je n'ai jamais pu me détacher de ce petit coin du Var. Le Jean-Louis de l'art précolombien y possède, à Port-Grimaud, une jolie et minuscule demeure que, selon une tradition établie entre nous, il me prête pendant une semaine chaque année, afin que j'y passe quelques jours autour de l'anniversaire de ma naissance, dans une retraite totale. Ceux et celles qui supportent mal la fuite des années me comprendront sûrement.

11

Quelle heure est-il, M. Michel Simon ?

À un retour du Midi et donc fort bronzé je reçus la proposition du rôle de Franz Liszt dans un film à grand spectacle intitulé, je n'ai jamais compris pourquoi : *Par ordre du Tsar*. Liszt était le héros du film. C'était le récit de ses amours malheureuses avec la princesse Wittgenstein, interprétée par Colette Marchand qui n'avait aucune idée de ce que pouvait être le cinéma. Malgré la pauvreté du scénario, l'importance du rôle m'empêcha d'hésiter à l'accepter. Une autre raison plus sérieuse était d'apprendre que le rôle du prince Wittgenstein allait être tenu, malgré sa brièveté, par Michel Simon. J'avais pour lui une religion. Je tremblais d'envie de le connaître, à plus forte raison d'être son partenaire.

J'avais raison de m'en faire à l'avance une fête. La nullité du metteur en scène finissait par n'avoir que peu d'importance par rapport aux anecdotes, aux crises de fou rire ou de colère, aux caprices, aux férocités ou aux élans de tendresse presque enfantins dont Michel Simon fut le héros pendant les quatre ou cinq semaines que nous passâmes ensemble, Colette Marchand, lui et moi. Colette était une grande danseuse et sa grâce lui faisait pardonner son inexpérience d'actrice.

Je confesse être assez souvent de mauvaise foi. Quelle qu'elle puisse être, la mienne n'a jamais atteint et n'atteindra jamais celle que manifestait Michel Simon. Il lui arriva, par exemple, de m'accueillir vingt-cinq ou trente fois de suite à la porte du décor qui représentait son palais, par un :

– Bonjour monsieur l'officier !

– Bonjour monsieur le médecin !

– Bonjour monsieur le charcutier !

– Bonjour monsieur le facteur !

Alors que le texte réclamait de lui un honnête et fort peu original :

– Bonjour monsieur le musicien !

Au bout d'une heure passée entre le fou rire et un sérieux début d'énervement, je lui demandai respectueusement s'il y avait un espoir qu'il dît la réplique attendue. Il répondit qu'il la dirait quand on lui aurait remis son chèque hebdomadaire en retard de trois jours. Je le trahis auprès du producteur. Dix minutes plus tard, un assistant lui donna son chèque, et il n'y eut plus une hésitation jusqu'à la prochaine échéance stipulée par son contrat.

Une autre fois, où nous ne tournions ni lui ni moi, il me demanda de l'accompagner chez une horlogère à qui il avait acheté, six mois auparavant, une superbe montre dont le remontoir était déclenché par le mouvement du poignet. Cette montre ne fonctionnait plus et ce désastre le plongeait dans une tristesse immense. L'horlogère habitait le vieux Nice. Nous tournions notre chef-d'œuvre au studio de la Victorine. Michel Simon, pour éviter la foule des admirateurs qui se précipitaient sur lui dès qu'il mettait le nez dehors, habitait une modeste pension de famille de Cimiez, alors que Colette et moi étions installés au Negresco. Je le menai donc en voiture jusqu'à ce magasin et nous nous trouvâmes devant une boutique des plus modeste, tenue par une vieille dame qui avait très exactement l'aspect d'une chaisière, comme il y en avait dans les églises de campagne il y a un siècle. Le dialogue peut se résumer ainsi :

– Bonjour, monsieur Michel, alors nous revoilà ?

– Me revoilà, madame Berthe, ma montre ne marche pas.

Bien entendu, il faut se remémorer la façon d'articuler de Michel Simon qui avait le débit le plus particulier du monde.

– Elle ne marche pas parce que vous ne la portez pas régulièrement, monsieur Michel. Elle ne fonctionne que quand votre poignet bouge.

– Vous ne pensez tout de même pas, madame Berthe, que je vais, pour avoir l'heure, passer mes journées à me branler, surtout de la main gauche !

Je retournai, ravi et gêné, l'attendre sur le trottoir où il vint me rejoindre, une nouvelle montre au bras. En retraversant Nice, il me fit stopper place Masséna. Il avait rendez-vous avec une jeune et ravissante prostituée de ses amies. Il nous invita à dîner ensemble et c'est ainsi que je découvris un monde nouveau pour moi.

La passion de Michel Simon pour ce genre de dames d'une part, et pour les guenons de l'autre, me fait, malgré mon admiration pour lui, le considérer comme l'un des plus « atteints » d'une profession où pourtant la concurrence est considérable. J'en parle en connaissance de cause…

Ci-dessus : Premier rôle à sept ans pour le Noël du Barreau de Paris.
Ci-contre : Otto et Cyril François dans les bras l'un de l'autre, quelques années plus tard.

Première pièce
aux Bouffes-Parisiens
avec Elvire Popesco.

Le matelot-timonier François en
bien calme bordée à Toulon, retou
de Mers-el-Kébir.

Officier américain en Bavière,
déguisé en officier anglais.

Loleh Bellon, Pierre Brasseur
et moi, dans ***Maître après Dieu***,
un film de Louis Daquin.

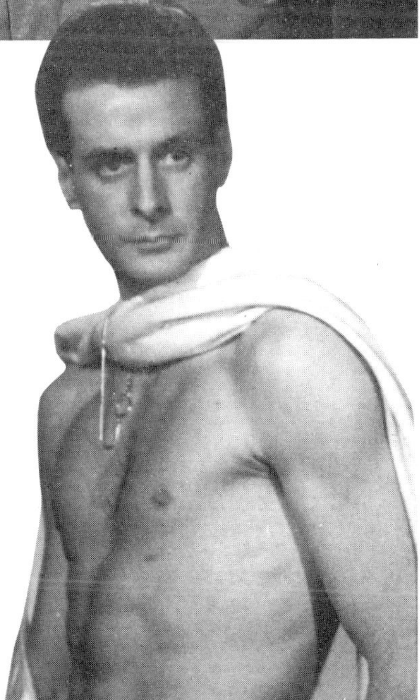

Retour à la légèreté :
Pâris dans ***La Guerre de Troie n'aura pas lieu***.

Premier baiser de cinéma avec Isa Miranda à Rome.

Avec mon ami Michel Auclair dans
Le Bal du lieutenant Helt, aux Mathurins.

Première vraie responsabilité dans ***Les Incendiaires***, première pièce de Maurice Clavel aux Noctambules.

Double page suivante:
Avec Fred Astaire, Ginger Rogers et Billie Burke, dans ***The Barkleys of Broadway*** *(Entrons dans la danse)*.
Hollywood me voici !

Avec Delphine Seyrig,
dans ***Un mois à la campagne***
d'Ivan Tourgueniev, à l'Atelier.

Avec Bernard Noël
dans la première pièce de
Félicien Marceau à l'Atelier,
Caterina.

Avec l'incomparable Arletty, dans
Le père de mademoiselle. Rencontre inoubliable.

Néron, dans ***Britannicus***, à New York avec
Martine Sarcey.

Les trois frères de mon unique pièce **Monsieur de France**.

Avec Michel Simon,
l'irrésistible monstre,
dans un film
sur Franz Liszt dont
j'oublie tout, sauf lui.

Numéro de trapèze,
dans l'inconscience totale,
avec Gaby Sylvia
au Gala de l'Union.

Avec Gérard Philipe
dans ***Les Grandes Manœuvres***,
de René Clair. Retrouvailles charmantes,
après un passage éclair au Conservatoire.

Ultime répétition du ***Cheval évanoui***, triomphe de Françoise Sagan. Avec l'auteur, Nicole Courcel et Jacques Charon, notre metteur en scène.

Avec Marie Bell, dans ***Esther***.

Sans doute un petit problème lors d'une répétition de ***L'Arrestation*** de Jean Anouilh, à qui je dois tant !

Alceste et Célimène
autour du monde.
Madeleine Delavaivre
n'était pas au bout
de ses peines…
ni, je l'espère, de ses joies.

Avec Jean Yanne,
dans ***Tout le monde il est beau, tout le monde il est gentil***,
début de complicité.

Après Molière,
Feydeau dans
Le Système Ribadier.

Un rêve réalisé :
jouer une épave humaine dans
L'Habilleur, avec pour bourreau, Jean-Pierre Marielle.

Madeleine Renaud, reine de théâtre,
voulut bien de moi au Théâtre du Rond-Point pour être l'Horace Walpole
de sa marquise du Deffand dans ***Les Salons***.

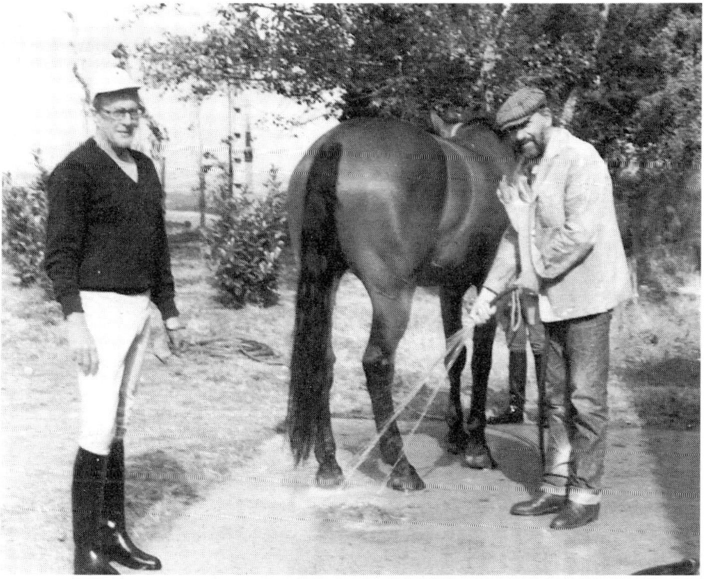

Avec Philippe Noiret, retour d'une chevauchée fantastique.

Je suis tous les soirs le mari de Danielle Darrieux dans ***Georges et Margaret*** chez Jean-Claude Brialy, aux Bouffes-Parisiens : le bonheur !

Voilà qui vaut tous les “Molière” du monde !

12

Au service des grands

Peu de temps, très peu je crois, passa avant que Fernand Ledoux me propose un rôle important dans la pièce de Julien Green : *L'Ennemi*. Sa première pièce, *Sud*, avait été saluée très bas. On m'offrait là d'être le partenaire de Maria Casarès que j'admirais depuis l'époque des Mathurins. La pièce qu'on me donna à lire me plut infiniment. Elle fut jouée une cinquantaine de fois seulement aux Bouffes-Parisiens et n'eut aucun succès ! J'eus la chance d'y avoir, moi, une réussite personnelle mais cela ne suffit pas à faire venir le public. Il me reste néanmoins de nombreux souvenirs de ce petit nombre de représentations. Le premier, selon l'expression de Talleyrand, ne peut intéresser ma gloire. Suzanne Lalique, dont le talent magique n'est plus à commenter, avait dessiné et fait exécuter pour *L'Ennemi* un décor en rotonde et des costumes superbes. Seul le mien était raté alors que je devais incarner un aristocrate de la fin du règne de Louis XVI d'un très grand raffinement, compensant un handicap physique très intime qui poussait sa femme successivement dans les bras de ses deux frères. Le jour de la présentation des costumes, c'est-à-dire à trois soirs de la répétition générale, je fis un sérieux effort pour que rien de ce qui avait été exécuté pour moi ne convînt, jugeant mes costumes horribles, ce qui était très excessif ! Je me tenais bossu, je marchais les pieds en dedans et portais ma perruque sur les sourcils. Pierre Vaneck, qui jouait un de mes frères, se paya très franchement ma tête. Il acheva de m'exaspérer. Quand le désastre fut mis sous les yeux de Fernand Ledoux, d'Albert Willemetz qui dirigeait le théâtre et, naturellement, de monsieur Julien Green, la réaction fut unanime et navrée. À la question de Suzanne Lalique : « Qu'allons-nous faire ? », je répondis par-dessus la rampe :

– Un paquet du tout et l'envoyer à l'abbé Pierre.

C'était, hélas, assez dans mon style peu nuancé de l'époque et d'une absence totale de goût. Je ne sais si monsieur l'abbé Pierre reçut mon costume, mais Irène Karinska passa deux jours et deux nuits à le refaire sur un dessin de moi. Jamais, je le jure, je n'ai été mieux équipé en scène. Un dimanche où je trouvai ma perruque Louis XVI décoiffée et « immettable », je téléphonai à Albert Willemetz lui-même que je ne jouerais pas avec cette serpillière sur la tête. Il me répondit que, malgré son amitié pour moi, il ferait faire un constat et que je paierais la recette. Maria Casarès passa une heure à me calmer et à recoiffer ma perruque pour m'éviter les graves ennuis que mon odieux caractère pouvait parfois m'attirer.

Elle devait, à la fin du troisième acte, partir avec moi pour la messe. J'adressais la dernière réplique de la pièce à une femme de chambre :

– Nous partons pour l'église. Apportez, s'il vous plaît, le châle de madame la comtesse.

Cinquante soirs de suite, l'actrice qui jouait le rôle de la femme de chambre et pour qui j'avais la plus grande amitié me tendait le châle que je devais mettre sur les épaules de Maria plié en dix, et je passais un long moment à le déplier, à le mettre en pointe, non sans maugréer entre mes dents :

– Quand cette andouille saura-t-elle présenter ce châle ?

Non seulement c'était grossier, mais très injuste. Maria, qui à ce moment-là tournait le dos au public et devait être en larmes, était secouée d'un fou rire incontrôlable que les rares spectateurs prenaient pour des sanglots irrépressibles. Elle quittait la scène sous les acclamations et revenait saluer, son mouchoir de dentelle entre les dents, pour que personne ne s'aperçût que ses larmes, ainsi que le célèbre tremblement de ses lèvres, étaient provoqués par son hilarité.

J'avais pour Julien Green une admiration profonde depuis que j'avais lu *Moïra*.

Moïra a cette particularité de se passer dans ce sud des États-Unis au climat si étrange. Le roman m'avait beaucoup plu pour ses qualités propres, mais aussi, peut-être, parce que ma mère et toute sa famille étaient originaires de Louisiane. Julien Green eut la bonté de me manifester une sympathie et un attachement qui ne se sont jamais démentis depuis. Entre deux répétitions, il m'invita à déjeuner au Café de la Paix, pour parler de sa pièce et de mon rôle. Quand au bout d'un instant, dans le box qui nous était réservé, je manifestai quelque surprise du choix du restaurant, il me répondit avec cette gravité un peu ironique qui lui est propre et cette sorte de timidité qui n'appartient qu'aux grands :

– Je vous ai demandé de venir ici parce que c'est l'endroit où Oscar Wilde déjeunait souvent avec lord Alfred Douglas !

Le dernier aspect de *L'Ennemi* qui le rend pour moi inoubliable furent les soupers que Maria organisait souvent après le spectacle dans son appartement de la rue de Vaugirard. Je ne pense pas commettre d'indiscrétion, puisqu'elle en parle longuement dans son superbe livre *Résidente privilégiée*, en évoquant ici ses liens avec Albert Camus. J'eus le bonheur de l'approcher au cours de ces petites soirées intimes auxquelles il participait volontiers. C'était un homme d'un charme certain. Il n'est pas ici question de parler de l'écrivain ou de l'auteur dramatique, j'en suis indigne, mais le souvenir de sa participation à nos périlleux « jeux de la vérité », qui se prolongeaient jusqu'aux petites heures du matin, reste extraordinairement présent dans ma mémoire. Sont également présents des numéros de travesti que faisait en jupe à pois, castagnettes à la main et grand peigne dans les cheveux, le valet-de-chambre-serviteur-homme-de-compagnie de Maria Casarès. Sa femme en était la première spectatrice émerveillée. Que monsieur Green et Maria sachent que je leur dois quelques-uns des plus beaux moments de ma vie d'acteur dans la gravité, la passion ou le rire.

Au mois d'octobre suivant, André Barsacq, que je ne connaissais pas encore, me demanda de lire la première pièce de Félicien Marceau : *Caterina*. Je n'avais lu de lui que ses romans : *Capri, petite île* et *Bergère légère*, qui m'avaient beaucoup séduit. Il me semblait que j'étais voué aux premières ou secondes pièces, Clavel, Arout, Green et maintenant Marceau. *Caterina* est une pièce située dans la Venise des doges. J'y jouais un jeune politicien arriviste et douteux, dissimulant son ambition frénétique sous un charme qu'il fallait tenter de rendre irrésistible, ce qui m'a toujours paru un des plus stimulants exercices auquel puisse se livrer un acteur. Rendre toute une salle amoureuse de Néron ou de Tartuffe est un de mes nombreux rêves. Seul le premier s'est réalisé. Grâce à cette pièce qui, tout comme *L'Ennemi*, n'obtint pas de succès, j'eus – et encore une fois, c'est la compensation de beaucoup de choix commercialement malheureux que j'ai pu faire – la chance de me lier à deux hommes de premier ordre, André Barsacq et Félicien Marceau. Barsacq avait succédé à Charles Dullin à l'Atelier. Il y a monté de nombreuses pièces d'une très exceptionnelle qualité et ce jusqu'à la fin de sa vie. Il fit souvent appel à moi, et le peu que j'ai accompli doit beaucoup à la confiance qu'il m'a témoignée dès que nous avons commencé à travailler ensemble. Je dois aussi beaucoup à l'affection que lui-même, sa femme l'exquise Mila et ses enfants ont aussi manifestée à mon égard.

Félicien Marceau est un homme doué de toutes les séductions. Son talent est très grand, chacun le sait, mais ce que ceux qui ne l'ont que peu ou jamais approché ne connaissent probablement pas, c'est cet équilibre souriant, cette ironie doucement féroce dont il a choisi d'être la première cible, cette élégance dans les propos, ces attentions et son comportement, et surtout le pétillement plein d'intelligence de ses yeux quand il vous regarde. Au point qu'il n'a pas besoin de formuler la question qu'il désire vous poser. On lui répond, moi du moins, avant qu'il n'ait dit un mot, tant est surprenante la façon qu'il a de vous dévisager. À propos de communication silencieuse, je cite la dédicace qu'il a inscrite sur un des derniers livres qu'il a bien voulu m'adresser : « Pour Jacques François qui sait déjà, et s'il ne le sait pas c'est qu'il est sourd et aveugle, qui sait déjà mon amitié, mon admiration et ma fidélité. »

Caterina ne dura malheureusement que d'octobre à décembre, moment où André Barsacq décida de remonter en toute hâte *Le Rendez-vous de Senlis* de Jean Anouilh, qui avait été créé par lui sur cette même scène vingt ans auparavant.

Le Rendez-vous de Senlis, si j'avais eu l'ombre d'un talent d'auteur dramatique, j'aurais pu l'écrire. La pièce, en effet, était autobiographique... pour moi. C'est l'histoire d'un jeune homme qui s'entend très mal avec ses parents. Amoureux d'une jeune fille de la meilleure société bourgeoise, il lui paraît inimaginable de l'épouser sans la présenter à sa famille. Mais cette dernière est tellement navrante qu'il engage des comédiens pour tenir le rôle de ses parents...

Dès la première lecture de la pièce, Barsacq me dit que, naturellement, la décision de me faire jouer Georges ne serait définitive qu'après une entrevue entre Jean Anouilh et moi. Elle devait avoir lieu le surlendemain à la terrasse de « Chez Francis », place de l'Alma, à quelques mètres de ma maison natale. J'y vis un bon augure. Anouilh, qui en a beaucoup ri depuis, puisque c'était la première des sept pièces de lui que j'ai jouées, avait fait dans son manuscrit une description très méticuleuse de l'aspect physique et de l'accoutrement du jeune Georges à sa première apparition sur scène. Je passai une partie de la matinée à me faire, si je puis m'exprimer ainsi, la tête de l'emploi et à me procurer ce qu'il fallait pour être vêtu comme Georges.

C'est ainsi que je me présentai à la terrasse du restaurant où j'avais été des dizaines de fois durant mon enfance. Je reconnus instantanément Jean Anouilh. Il était abrité derrière ses moustaches abondamment mordillées et ses fameuses lunettes cerclées de fer, et un petit nuage de fumée se dégageait de sa vingtième Gitane maïs de la matinée. Il se leva pour m'accueillir et me dit simplement :

– Voilà mon Georges.

Deux scotchs bien tassés et un peu matinaux célébrèrent l'événement.

Les répétitions commencèrent la semaine suivante. La reprise du *Rendez-vous de Senlis* eut un très grand succès. J'avais pour partenaires la si heureusement particulière Catherine Sellers et Jacqueline Pagnol, amie du cours Rouleau. C'est, par la suite, grâce à Jacqueline que je rencontrai son célèbre mari. Il voulut bien me traiter en ami et souvent m'inviter à souper dans leur jolie maison de la villa Saïd. Écrire ces lignes m'aura donné la joie de repenser à tous ces êtres d'exception qui eurent sur ma vie professionnelle une influence considérable. Je ne peux que les en remercier.

13

Après René Clair, tout s'assombrit !

L'année du *Rendez-vous de Senlis*, nous fûmes élus, Maurice Chevalier dans la catégorie *senior*, et moi dans la catégorie *junior*, les deux artistes les plus élégants de France ! Ai-je besoin de dire avec quelle gêne j'allai recevoir mon prix, qui était une pomme en or, à l'hôtel Ritz, alors que Chevalier frétillait de fierté. Ma mère me chargea de l'inviter à dîner pour célébrer cet événement qu'elle jugeait capital. À ma surprise, il accepta et les petits plats furent mis dans les grands rue de Seine. Elle eut la très fâcheuse idée (il faut dire qu'elle n'en manquait pas) de mettre sur son pick-up, dès la fin du repas, un disque de Maurice Chevalier. Ce qui devait arriver arriva : il écouta stoïquement *Ma Pomme* et, quand elle entreprit de retourner le disque pour mettre l'autre face, il se leva et, lui déclarant avec juste raison que rien n'est plus désagréable à un chanteur que d'écouter ses disques au milieu d'un groupe d'amateurs, il lui baisa la main et disparut. Il était neuf heures et demie ! Je ne le revis qu'une fois à un déjeuner, à New York, chez Mony Dalmès. Son célèbre charme n'opéra pas sur moi. Édith Piaf, qui se trouvait aux États-Unis, était à ce moment-là hospitalisée à New York. Il fit sur elle des réflexions extrêmement pénibles et désagréables. Cela me fut insupportable.

Pour la première fois depuis que j'exerçais cette coupable profession, le cinéma, à quelque temps de là, fit appel à moi dans des conditions exceptionnelles. D'abord, le demandeur était René Clair, également coauteur du scénario, et j'allais être le partenaire discret mais enthousiaste de Michèle Morgan et de Gérard Philipe. La distribution des *Grandes Manœuvres*, si l'on veut bien me mettre à part, était extrêmement brillante.

Les prises de vues se déroulèrent avec précision et j'éprouvais un bonheur et le sentiment rares de participer à une œuvre importante.

René Clair n'était certes pas quelqu'un de « chahutable », mais il avait un sens de l'humour très aigu, une ironie cinglante mêlée à une affabilité exquise. Il usait de l'un ou des autres avec un à-propos extraordinaire. Gérard Philipe, Yves Robert, Jacques Fabbri, Jacqueline Maillan, Brigitte Bardot, Lise Delamare et moi-même ne mîmes que quelques jours à former une petite bande d'un entrain vertigineux. Seule, Michèle Morgan n'en faisait pas partie. Ses responsabilités et son sérieux l'en éloignaient. Nous, nous étions des jeunes gens difficiles à tenir en laisse. Gérard Philipe et Yves Robert avaient adopté, entre les prises de vues, l'accent des gendarmes bourguignons. Brigitte Bardot ne pouvait tourner qu'après avoir entendu un concerto de Mozart et Jacqueline Maillan donnait des aperçus nombreux de ce qui allait faire sa gloire. Se mêlait à nous un jeune homme de soixante-cinq ans environ, Jacques Porel ! Fils de Réjane, il avait été un ami de Marcel Proust. René Clair l'avait fait engager comme conseiller technique puisqu'il avait fort bien connu, adolescent, les salons de la comtesse Greffulhe, d'Élisabeth de Gramont, devenue duchesse de Clermont-Tonnerre et de Robert de Montesquiou. Il était fort brillant, très anecdotique et violemment nostalgique. Je le trouvai un jour en larmes dans un coin du décor :

– Que vous arrive-t-il, cher monsieur ?

– Il ne m'arrive rien, sinon que, par instants, je touche du doigt que je suis un petit garçon qui n'a pas su vieillir !

Un autre jour, j'arrivai en retard au studio de Billancourt. Je me précipitai à la salle de maquillage déjà occupée et dis, avec ma maladresse habituelle, à une jeune femme qu'on commençait à maquiller :

– Excusez-moi, madame, je suis en retard et je suis du premier plan. Seriez-vous assez aimable pour me céder votre place ?

À quoi elle répondit gracieusement :

– Je suis, moi aussi, un peu en retard, je suis, moi aussi, du premier plan et vous ne m'avez pas reconnue, cher Jacques, mais je m'appelle Michèle Morgan.

Cette histoire plut beaucoup à Gérard Philipe. Je passai d'innombrables heures à m'entraîner avec lui à l'escrime pour un duel qui fut, bien entendu, coupé au montage ! Nous avons failli y laisser l'un et l'autre au moins un œil !

Le film obtint un triomphe mais n'eut que très peu de répercussions sur ma carrière !

À part la première tournée que j'ai faite avec les galas Karsenty dans une pièce de Jean Giraudoux, *Pour Lucrèce*, peu de choses importantes survinrent pendant les mois suivants. J'étais terriblement embarrassé quand on m'interrogeait. Je n'étais occupé que par des émissions de télévision de second ordre, des morceaux de films sans aucun intérêt et aucune pièce sérieuse. Aux États-Unis, la formule consacrée qui ne trompe personne est : *I am between pictures.* (« Je suis entre deux films ! ») En France, cela marche moins bien et « *between pictures* » se traduit par « en carafe » !

Il est fort rare qu'un rôle dans une pièce menace la réputation de son interprète, sa sécurité ou, à plus forte raison, son intégrité physique. C'est pourtant ce qui allait m'arriver. Au milieu du petit marasme que je viens d'évoquer en parlant de « carafe », Alice Cocéa m'appela. Je ne la connaissais que de réputation et pour l'avoir à plusieurs reprises très sincèrement applaudie. En dépit de ce qu'on avait pu me raconter sur elle, c'est-à-dire l'aventure Victor Point, le lieutenant de vaisseau qui s'était suicidé pour elle, son attitude avec Henri Bernstein, persécuté parce que juif pendant la guerre et j'en passe, je l'admirais. Elle me demanda d'être le Titus de la pièce *La Reine de Césarée*, écrite par Robert Brasillach pendant sa captivité dans un *oflag* allemand. Elle devait en être la Bérénice. Il s'agissait là d'un pastiche de la *Bérénice* de Racine. Pastiche au demeurant fort respectueux, plein d'émotion et de grandeur qui ne nécessitait que quelques coupures qui s'imposaient sur l'antisémitisme de l'empereur. Les faiblesses, qui résidaient principalement dans ce démarquage un peu scolaire du chef-d'œuvre racinien, ne nous étaient apparues ni aux uns ni aux autres. Étrangement, le souvenir de l'attitude intolérable de Brasillach pendant la guerre ne nous effleurait pas non plus. Engagés avant de trouver un théâtre à Paris par le Festival antique d'Avanches, près de Lausanne, nous nous lançâmes dans les répétitions avec une grande innocence. Elle disparut jour après jour, au fil des caprices, des idées saugrenues et des points de vue d'Alice Cocéa sur la mise en scène, le décor, l'interprétation de son personnage et des nôtres. Grâce à l'énergie et au calme de Raymond Hermantier qui, quand Alice Cocéa lui laissait prendre la parole, mettait la pièce en scène, grâce aussi à notre conviction à tous de tenir en main un petit chef-d'œuvre, la pièce fut enfin prête.

Beaucoup de critiques parisiens étaient venus nous voir à Avanches et nous prédisaient un triomphe à Paris. Les horreurs de l'Occupation, puis celles qui malheureusement accompagnèrent la Libération, étaient oubliées depuis longtemps, nous affirmait-on. Mme Roubé-Janski, qui ne pouvait certes pas être taxée d'antisémitisme, nous accueillit dans son théâtre de la rue Rochechouart. Aucun de nous, pas même Raymond Hermantier, qui avait perdu les trois quarts d'une main en combattant pour la Résistance, n'entrevoyait alors le danger qu'il y avait, plus de dix ans après la guerre, à jouer la pièce d'un des chefs de la collaboration, d'un des principaux dénonciateurs des juifs et de tout ce qui n'était pas pro-nazi dans son journal *Gringoire.* Il semble qu'aveuglément, nous en étions tous restés aux merveilleux *Quatre Jeudis* et aux *Poèmes de Fresnes* qui nous avaient tant émus et fait oublier l'horreur de l'attitude délatoire de leur auteur. Par prudence, Mme Roubé-Janski fit sillonner une partie de la rue, avant, pendant et après les répétitions des couturières et la répétition générale, par des gardes mobiles et des policiers en civil. Nous arrivions très en avance au théâtre et n'en repartions que fort tard dans des voitures qui nous attendaient très exactement devant l'entrée des artistes. Pendant ces trois soirées vraiment triomphales, tout se passa dans l'ordre et l'harmonie. Dois-je ajouter que les invités avaient été triés sur le volet ? Il n'en fut pas de même le soir de la première représentation publique. Toutes les places avaient été louées par des groupements d'anciens de la Résistance, F.T.P. ou F.F.I., bien décidés à ne pas laisser le traître Brasillach continuer à s'exprimer, même s'il avait été fusillé malgré l'intervention de tout ce qui comptait dans les lettres françaises, François Mauriac en tête.

La première réplique de la pièce est : « La guerre est une belle chose. » Je ne pus dire la seconde. La salle debout hurlait, envoyait sur scène tout ce qui lui tombait sous la main et tout ce qui avait été préparé de longue date. Force nous fut de faire baisser le rideau et, très peu à l'aise, tremblant de peur, nous nous réunîmes autour de Jacques Isorni, qui défendait les intérêts d'Alice Cocéa, un peu plus affolé que nous tous. La seule à garder son calme était Alice. Il est vrai qu'elle en avait vu d'autres ! Après le suicide de Victor Point, elle n'avait pas pu prononcer un mot sur scène pendant des mois. Le tumulte régnait toujours dans la salle que la police avait le plus grand mal à faire évacuer et finalement madame Cocéa décida d'aller, selon son amusante expression, « haranguer la foule ». Je mis tout en œuvre pour l'en dissuader, lui rappelant, sans beaucoup de ménagements, certains précédents et lui prédisant de très graves ennuis. Elle me proposa de l'accompagner devant le rideau, invitation que je déclinai. Elle résolut de s'y rendre avec le décorateur, un jeune homme de vingt-cinq ans dont la timidité était à l'échelle de son très grand talent. C'est alors que Jacques Isorni et Raymond Hermantier lui interdirent fermement ce geste absurde. Il faut dire que, le hasard faisant souvent étrangement les choses, le jeune décorateur de *La Reine de Césarée* s'appelait Loradour ! On ne peut pas l'inventer ! La préfecture de police interdit les représentations de la pièce pendant plusieurs semaines. Elles ne purent reprendre que sur invitations nominatives, à des heures étranges et à des jours assez irréguliers.

Le charme était rompu pour moi. Je jure que ce n'est pas la peur qui me fit renoncer à rejouer Titus qui était un rôle admirable, mais les incidents étaient trop présents, trop pénibles. Je ressentais une violente antipathie pour ma partenaire, pour ses caprices, pour sa futilité et pour son autosatisfaction. Ce sentiment était né à la lecture de la pièce chez elle.

On m'a beaucoup critiqué, on m'a accusé de lâcheté, d'opportunisme, que sais-je ? Et pour couronner le tout, madame Cocéa m'a consacré deux ou trois pages d'insultes dans son livre dédié à la haine et intitulé *Mes amours que j'ai tant aimées*. Titre inopportun s'il en fut !

Je n'ai jamais été dépourvu, hélas ! d'idées saugrenues. À la vingtième question d'un journaliste s'informant de mes projets, je répondis un jour que j'avais momentanément abandonné le métier d'acteur et que j'écrivais une pièce.

Conséquence de l'indiscrétion ou de la rigueur professionnelle de ce monsieur, son appel fut suivi d'un grand nombre d'autres et je me trouvai, bon gré mal gré, contraint de donner des détails sur l'œuvre en cours, son titre, son éventuelle distribution et le théâtre où elle serait jouée à la rentrée. De tout cela je n'avais pas la moindre idée. Mais la curiosité que j'avais suscitée m'aiguillonnant, je me dis, un très beau matin, que n'étant pas plus analphabète que beaucoup de mes collègues et doué d'au moins autant d'imagination qu'eux, je devais m'en tirer.

Je suis et j'ai toujours été, souvent à mes dépens, l'homme des décisions merveilleusement ou tragiquement rapides. Le hasard voulut que le matin dont je parle, je tombasse sur un livre ayant trait aux kilts des différents et innombrables clans écossais à travers les siècles derniers, traditions dont j'ai toujours apprécié le pittoresque. En quelques instants, je décidai que ma pièce se passerait en Écosse pendant la Révolution française et qu'un aristocrate, réfugié auprès d'une famille des environs d'Édimbourg, y apporterait le bonheur et la joie de vivre. Je me donnai trois semaines pour en venir à bout, ce qui fut fait. La pièce, avant qu'une ligne fût écrite, était déjà attendue, les théâtres parisiens devant être pour la rentrée terriblement en panne. On en demandait des nouvelles. Je jouais les auteurs débordés et ne quittais plus mon stylo ni mon bureau.

Vingt et un jours plus tard, la pièce était écrite, s'appelait *Monsieur la France*, et les exemplaires que j'avais fait taper commençaient à se promener de-ci, de-là, lorsqu'un soir, Elisabeth Hijar, qui dirigeait le théâtre Édouard VII, me déclara adorer mon œuvre et me suggéra de la présenter au jury du grand prix d'art dramatique d'Enghien, qui devait être attribué quelques semaines plus tard à une première pièce.

Je fus le dernier inscrit des trois cents candidats. On lut ma pièce à la hâte grâce à la complicité de Monique Rolland, administratrice de la manifestation, et elle me téléphona vers neuf heures un matin que Marcel Achard, Henri Jeanson, Mme Dussane, André Le Troquer et le général Corniglion-Molinier venaient de m'attribuer le prix d'un million de francs, et s'engageaient à faire monter ma pièce en octobre. Il serait courtois, ajouta-t-elle, que je vinsse chercher ma récompense et remercier le jury à la fin du déjeuner qui réunissait tout ce beau monde au Casino du bord du lac. Oserai-je dire que je ne fus pas autrement surpris ? Si peu d'ailleurs, que lorsqu'on m'annonça que toute l'affaire allait être prise en main sur le plan distribution, costumes et mise en scène, par le directeur du Casino, je déclarai que j'acceptais avec joie et gratitude le chèque que l'on m'offrait, mais que j'avais déjà mon décorateur, mon metteur en scène et ma distribution, ce qui était entièrement faux.

Un metteur en scène connu se présenta immédiatement. Mon ami le peintre Jean-Denis Maillart brossa un décor superbe en deux coups de pinceau et Madeleine Robinson qui, je ne sais comment, avait eu connaissance de la pièce, me fit dire qu'elle serait ravie d'en jouer le rôle principal. Du même coup le théâtre du Gymnase s'ouvrit à moi et les répétitions allaient commencer quand Mlle Robinson déclara que, tout bien pesé, elle ne pouvait pas jouer la pièce, en ayant récemment lu une qui lui semblait très supérieure à la mienne. Cette œuvre, bizarrement, était écrite par un ami commun à nous, fort distingué et grand d'Espagne !

La désertion de Madeleine Robinson qui, à cette époque, était une étoile de première grandeur, nous plongea tous dans un cruel embarras. Les interviews continuaient à s'enchaîner et le fait que ma première pièce allait être jouée par cette vedette incontestée, mettait, me semblait-il, tout le monde dans un état fébrile. J'espère beaucoup qu'on devine un sourire plein d'ironie au bout de ma plume. Un journaliste vint me trouver à Cannes où j'étais allé me remettre de ma déception et le dialogue fut à peu près celui-ci :

– Alors, monsieur, c'est le bonheur ! Votre première pièce va être jouée par Madeleine Robinson au Gymnase à la rentrée !

– Nullement, monsieur, ma première pièce va être jouée en effet en septembre – mais pas par Mme Robinson.

– Mais on a dit partout qu'elle l'adorait et elle-même a affirmé que c'était avec une joie sans mélange que...

– On a dit et elle a dit, en effet, beaucoup de choses, mais Mme Robinson m'a écrit une très longue et très édifiante lettre, reçue il y a quelques jours, où elle me déclare qu'ayant lu et relu mes trois actes avec la conscience professionnelle que chacun reconnaît en elle, elle me demandait de lui rendre sa parole. L'héroïne est une aristocrate écossaise d'une dignité, d'une tenue, d'une race et d'une intelligence incomparables. Elle est la générosité incarnée, elle est d'une distinction sans reproche, elle est belle et son cœur est immense. Tout cela, Mme Robinson me l'a écrit très joliment, est à des lieues de sa vraie nature. Son caractère, si elle en a un, et son comportement en général sont aux antipodes de ceux de mon héroïne. De cette franchise je lui saurai toujours gré. Ce n'est que pour des raisons commerciales, très exagérées du reste, qu'on m'avait suggéré de lui confier ce rôle et me voilà soulagé d'un grand poids !

La lettre était complètement inventée, mais mes déclarations à la radio furent celles qu'on vient de lire.

On comprendra qu'elles n'étaient que l'aboutissement de la colère intense d'un très jeune auteur qui se voyait déjà traduit dans toutes les langues, et non l'expression de mon opinion sur les qualités et le talent de Mme Robinson, qui eut plus tard l'élégance de me pardonner, je crois, cet enfantillage, puisque nous nous retrouvâmes dans un film à Madrid et qu'il ne fut question de rien.

La pièce fut créée en septembre, mais aux Bouffes-Parisiens par Germaine Montéro, Annie Pargue, Jean d'Yd, mon amie Madeleine Clervanne et moi-même. Le décor de Maillart plut énormément mais après une répétition générale triomphale, la pièce ne fut jouée que trente fois devant des quarts de salles ! Quelques années plus tard, elle devait faire l'objet d'une émission à la télévision avec Lise Delamare, Claude Dauphin, Catherine Salviat et Jean-Pierre Aumont dans le rôle que j'avais joué au théâtre. J'en assurai la mise en scène. Je pense souvent à ces deux expériences avec un grand sourire exceptionnellement dénué de la moindre ironie. J'avais mis tout mon cœur dans ces deux entreprises et continue à aimer cette pièce comme on aime un enfant qui ne vous donne pas continuellement les satisfactions que l'on attend de lui ! Cet échec me déprima profondément. Je passai mes journées les yeux au plafond à attendre la sonnerie du téléphone. Elle tinta après deux semaines de désespoir, ce qui est bref. Mon imprésario anglais me proposait un film qui devait être tourné en partie à Londres et en partie à Bou-Saada et s'appelait *South of Algiers.* Les interprètes en étaient l'Américain Van Heflin, l'Anglais Eric Portman et moi-même. Mme Van Heflin vint retrouver son mari en Algérie. Nous devions avant de regagner Londres, faire une courte halte à Paris, qu'elle ne connaissait pas.

– On m'a parlé de l'hôtel George-V. Est-il correct ? Et possède-t-il l'eau courante ? me demanda-t-elle.

Je lui affirmai que l'eau courait au George-V aussi fluidement qu'au Beverly Hills Hotel.

14

Pardonne-moi ton enfance

J'avais été brouillé avec mon père pendant vingt ans. Je ne l'avais pas rencontré pendant cette période de ma vie, mais lui, en revanche, me voyait très régulièrement dans les pièces que je jouais. Sa présence dans la salle m'était indiquée par de petites quintes de toux auxquelles j'étais habitué depuis le berceau. Quand elles me parvenaient au début du premier acte, j'étais certain que, si je jouais une pièce comique, je n'obtiendrais pas un sourire de la salle que figeait magnétiquement sa présence et qu'en revanche, si je devais faire pleurer le public, des hurlements de rire salueraient mes moindres phrases, ce qui ne manqua jamais de se produire pendant ces vingt années.

Ce fut pendant la très courte période où *Monsieur de France* tint l'affiche que je reçus un jour, chez ma mère, rue de Seine, cet appel téléphonique.

– Monsieur, me dit une femme, vous ne me connaissez pas, je suis madame Paul François, votre père est au plus mal et il souhaite vous revoir un instant avant de mourir.

En une seconde, vingt années de cauchemar furent oubliées et je quittai instantanément la rue de Seine pour l'avenue de Wagram, où je savais qu'il habitait. J'étais dans un état de trouble intense quand ma belle-mère, que je découvrais, me conduisit à son chevet. Il était exsangue, les yeux mi-clos et très certainement à quelques minutes de sa fin. Je lui pris la main, la baisai et lui dis que c'était moi qui étais là. Il ne bougea pas, n'ouvrit pas les yeux et, me serrant les doigts, me dit :

– Dans un instant, je serai mort. Je voulais te demander pardon pour ton enfance et ta jeunesse.

Je reposai sa main sur le drap, les larmes aux yeux et, sans penser à faire plus ample connaissance avec sa femme, je quittai les lieux en la priant seulement de me tenir informé de l'évolution de la situation, ne pouvant, moi, me permettre de les déranger. Le petit garçon mélancolique avait laissé place à un homme bouleversé.

Plusieurs jours passèrent sans le moindre appel de la seconde Mme Paul François. Cependant, un matin, elle m'avertit que l'infarctus qui avait terrassé mon père était jugulé, il se portait de mieux en mieux, était sur le point de se lever et me demandait de venir déjeuner avec lui. Bien entendu, je me rendis à son invitation. Ma belle-mère eut le tact de nous laisser seuls et la conversation s'engagea, après un instant de gêne et de timidité, sur le ton mordant, intelligent, sardonique et d'une tendresse que je découvrais, qui devait être la sienne à mon égard et pendant les années, pas très nombreuses, hélas, qui lui restaient à vivre. Rien du passé ne fut jamais évoqué entre nous et je me découvris, enfin, à plus de trente-cinq ans, un père.

Il vint avec sa femme voir *Monsieur de France* un soir où, miraculeusement, la salle n'était pas aux deux tiers vide et, pour la première fois, je n'entendis pas la petite quinte de toux qui m'avait si souvent terrifié.

Il continua néanmoins à exercer sa cruauté pleine d'esprit sur tout son entourage, sauf sur moi, jusqu'à sa fin. Ayant été opéré de la cataracte, il avait tenu à ce que je fusse là quand le chirurgien le débarrasserait de son pansement.

Béatrice, ma belle-mère, sa victime la plus proche et la plus accessible, était d'un côté de son lit, moi de l'autre. Le chirurgien retira les pansements lui entourant la tête, et, tendant la main, lui demanda, selon la tradition, combien il voyait de doigts. Le chiffre qu'il indiqua était exact. C'était le bonheur. Là-dessus, la subtile Béatrice, qui n'en manquait pas une et avait l'exaspérante manie de l'appeler « mon pauvre petit Paul », lui dit dans un sourire un peu niais :

– Alors, mon pauvre petit Paul, on est heureux ? On voit ?

À quoi il répondit :

– Comment voulez-vous que je sois heureux, Béatrice, puisque je vous vois !

Comme chez les Boeldieu, on disait vous à sa mère et vous à sa femme !

15

Amérique deuxième fois, échec deuxième fois

À la dernière représentation de *Monsieur de France*, la directrice des Bouffes-Parisiens qui a laissé un souvenir peu marquant dans le monde du spectacle, me fit ses adieux de la façon la plus délicate qui soit. Elle me déclara en effet :

– Vous serez peut-être célèbre un jour, mais à titre posthume.

Malgré cet échec, ce fut d'un cœur redevenu léger grâce à l'amélioration sensible d'une partie au moins des relations familiales chez les François, que j'attaquai *L'Or et la Paille*, de Jean-Pierre Gredy et Pierre Barillet, au théâtre Michel. J'y avais Françoise Fabian pour partenaire et Parysis pour directrice. La carrière de *Monsieur de France* ne m'ayant pas, on s'en doute, mis à l'abri du besoin, je demandai à cette dame, au demeurant parfaitement humaine et pittoresque, à quel moment nous serait remis notre chèque mensuel. Elle dut sentir un peu d'anxiété et d'impatience dans ma voix, car elle me répondit du tac au tac, avec son don indiscuté pour les cuirs :

– Alors ici, mon petit, pas d'inquiétude, chaque dernier jour du mois. *Rectal* !

Je me détendis un peu des problèmes métaphysiques que me posait mon nouveau rôle de gigolo dénué du moindre scrupule, en répétant pendant deux mois, puis en exécutant, au péril de ma vie, un numéro de trapèze pour le gala de l'Union. J'avais demandé à ma tsarine de *La Petite Catherine*, Gaby Sylvia, d'être, dans les cimes du Cirque d'Hiver, de nouveau la partenaire de son sémillant amant de quelques semaines, le comte Lanskoï. Elle tremblait de peur, se faisait insulter par sa famille pour avoir accepté d'être la voltigeuse de ce timbré, mais sa volonté ne faiblit jamais, sauf la veille du gala où elle n'apparut pas à la dernière répétition. Nous étions couverts de bleus, de plaies aux jambes et aux bras et, quand le grand soir arriva et que nous nous trouvâmes dans les cintres du cirque, à huit ou neuf mètres de haut, ma panique fut telle qu'en un instant je fus en eau des pieds à la tête. Gaby était suspendue à mes poignets. Je ne tenais, moi, à mon trapèze, que par les genoux. Elle devait remonter le long de moi pour reprendre sa place sur la barre. C'est alors que, très intelligemment, je lui dis doucement :

– Attention, Gaby, je glisse !

Elle me comprit mal, supposa que mes genoux lâchaient prise et que d'un instant à l'autre nous allions nous retrouver en bouillie neuf mètres plus bas sur la piste des Bouglione.

Sa seule réaction fut de me susurrer :

– Tant pis ! J'ai été ravie de vous connaître.

Ses craintes et les miennes se révélèrent injustifiées et nous fûmes acclamés à notre arrivée en bas de la petite échelle de corde dont elle avait pensé qu'elle ne nous servirait plus jamais à rien.

J'ai toute ma vie été passionné par les gens de cirque et par leurs exploits. L'expérience ne fit que rendre plus intense cette admiration pour des artistes dont une bonne moitié risque tous les jours sa vie pour distraire ou envoûter le public.

De là à renouveler cette performance, il y a un pas gigantesque que je n'ai, hélas ou heureusement, plus jamais osé franchir.

Invité à un cocktail chez la justement célèbre et talentueuse Luisa Miller, un des grands sculpteurs de notre époque, je vis arriver un homme hagard et l'œil mauvais. C'était le metteur en scène Raymond Gérôme. Je le rencontrais pour la première fois. Il fit interrompre toutes les conversations pour raconter ses malheurs. Ayant monté *Britannicus* au Vieux-Colombier, avec Marguerite Jamois et Daniel Ivernel, et y ayant obtenu avec eux un très éclatant succès, on lui demandait le spectacle pour une longue tournée au Canada et aux États-Unis. Or, il avait appris dans l'après-midi que Daniel Ivernel, chez qui la seule idée d'aller de Montmartre, où il habite, à l'Arc de Triomphe provoque un zona instantané, refusait de partir jouer le rôle de Néron outre-Atlantique. Je gardais un silence attentif tandis que chacun et chacune s'apitoyaient. Quand le calme fut rétabli et que Raymond Gérôme eut recouvré un semblant de sang-froid, je lui déclarai que, si cela lui paraissait possible, j'étais, si j'ose écrire, son homme. Jouer le fils d'Agrippine chez mes demi-compatriotes me griserait ! Il fut stupéfait, me toisa, me dépouilla en quelques secondes de mon éternelle carapace de monsieur-comme-il-faut et me dit que l'idée lui paraissait intéressante, en tout cas merveilleusement éloignée de la convention. Restait à prendre l'avis de la principale intéressée, Mme Marguerite Jamois. J'avais deviné, depuis de nombreuses années, que Marguerite Jamois avait été très intimement liée à mon père, et était restée une de ses très chères amies. Je l'avais souvent vue chez nous dans mon enfance. Son caractère n'y avait évidemment gagné aucune souplesse, bien au contraire, mais elle m'avait toujours manifesté une certaine sympathie sous des dehors qu'aurait pu lui envier un adjudant de gendarmerie. Son jugement serait sans appel, me dit Gérôme, et il me le ferait connaître avant minuit. S'il était favorable, les répétitions commenceraient la semaine suivante. À minuit, le téléphone sonna. C'était Marguerite Jamois elle-même qui me félicitait d'avoir enfin le courage de changer d'emploi, mais me prévenait sans ménagements qu'un travail de romain m'attendait. C'était l'occasion ou jamais de se servir de ce lieu commun. Elle mettrait tout en œuvre, m'affirma-t-elle, pour que son ami Paul fût fier de son petit !

Elle était en dessous de la vérité en parlant de travail de romain. Raymond Gérôme a, comme nous tous, quelques défauts. Mais il possède une qualité sans prix chez un metteur en scène : c'est un très bon directeur d'acteurs. Ainsi de cet homme jeune, un peu en retrait, assez inaudible au dire de Robert Kemp et souvent plus gourmé qu'il n'eût fallu, il réussit à faire un monstre naissant qui fit mon bonheur et celui des spectateurs. Je retrouvai New York avec une joie immense. J'y avais passé peu de temps mais j'y avais laissé des amis qui me manquaient, comme me manquaient les petits nuages s'échappant des bouches grillagées d'aération de la Cinquième avenue ou les hurlements ininterrompus des sirènes des ambulances ou des voitures de police. Je découvris Montréal, Québec, des villes comme Chicoutimi ou Rimouski, perdues dans les Laurentides puis, de nouveau, tout ce qui existe entre Boston et Portland en passant par Chicago, Los Angeles et San Francisco.

Marguerite Jamois n'était pas une femme simple à manier. Son humeur était incroyablement changeante, sa brutalité de ton et d'attitude souvent intolérable, mais quelle partenaire de très grande qualité ! Raymond Gérôme, pendant ces trois mois, devint un ami précieux, compréhensif et coopérant. Ma joie était très grande de jouer Néron. C'en était une plus grande encore de le jouer dans ce pays que j'adore et devant des publics jeunes, ardents et amicaux.

La tournée se terminait à New York. Un soir, je trouvai dans ma loge Lily Veidt, mon imprésario des temps héroïques à Hollywood. Elle n'avait pas changé. Sa séduction était restée la même et elle m'invita à dîner pour me parler d'un projet étonnant. Un producteur new-yorkais était venu voir *Britannicus*, se trompant sans doute de théâtre ou n'ayant pas trouvé de place à *West Side Story*. Il avait appris, elle ne savait pas par qui, que je pouvais également jouer en anglais. Il avait chargé Lily de me proposer le rôle principal d'une pièce récemment écrite, et destinée à Broadway après la traditionnelle tournée qui, aux États-Unis, précède les représentations dans la capitale mondiale du théâtre. Avant d'avoir lu la pièce, j'étais dans un état de fièvre indescriptible. Si, après que je l'eus épluchée, elle ne répondit pas tout à fait à mon attente, je m'empressai de la déclarer sublime et de baptiser « rôle de ma vie » celui de son héros. La pièce était intitulée *The*

Happy Felons. Elle s'inspirait largement de *La Cuisine des Anges*, que l'auteur avait dû voir à Paris. Le contrat étant des plus confortables, j'acceptai.

Un de mes amis américains, rencontré d'ailleurs à Saint-Tropez, venait d'emménager à New York. Il me proposa de partager son appartement modeste, mais charmant. Mes partenaires étaient Georges Tobias, célèbre gangster de la scène new-yorkaise, et une Française installée depuis longtemps aux États-Unis, dans le tour de chant, Denise Darcel. Les répétitions commencèrent sous la férule de Shepard Traube qui avait connu un triomphe avec sa production de *Gas-Light* de Patrick Hamilton. Il me sembla de jour en jour beaucoup moins doué pour la comédie légère que pour les drames intimistes se situant à la lueur blafarde des réverbères londoniens au début du siècle. La déception devait se lire sur mon visage. Je n'ai jamais très bien su dissimuler ce que j'éprouvais. Un jour, je fus invité à déjeuner à l'hôtel Plazza par une personne qui me révéla avoir des intérêts importants dans la production de la pièce. Aux États-Unis, on achète des parts de productions théâtrales comme des Royal Dutchs. Je ne sais quel agent de change l'avait conseillée ! Elle était richissime, odieuse, illettrée et n'avait aucune idée de la vulnérabilité des acteurs. Elle ne connaissait rien au théâtre mais semblait tout à fait à l'aise quant aux problèmes d'investissements financiers. Elle déclara sans ambages que si cela ne m'amusait vraiment pas, comme chacun pouvait le deviner, de jouer les *Happy Felons*, j'étais remplaçable. Je manifestais un manque de conscience professionnelle insupportable, car la répétition à laquelle elle avait assisté sournoisement la veille l'avait atterrée. Elle n'allait pas, à cause de mes sautes d'humeur, perdre des milliers de dollars ! Elle ajouta au café, assez rapidement servi, que les hommes de loi n'étaient pas faits pour les chiens : j'étais payé pour faire rire et le plus tôt serait le mieux !

Dire ce que furent, dans des moments pareils, la patience angélique de mon colocataire Alex, son amicale, mais inébranlable fermeté pour me remettre en selle et me rendre un peu de confiance en moi, est impossible. Je lui dois beaucoup. Sans ses interventions, son cœur toujours ouvert ou ses lazzis à mes retours de répétitions, je n'aurais jamais joué cette pièce. J'aurais du reste peut-être aussi bien fait. Pour me conforter définitivement, un grand ami de Lily Veidt, Robert Lantz, imprésario de première importance et qui était devenu un de mes amis grâce à Lily, vint, à ma demande, assister à une répétition. Il me quitta l'air un peu triste, sur ce commentaire : « There is nothing to write home about » que l'on peut traduire par « beaucoup de bruit pour rien ».

Nous fîmes une tournée honorable qui commença à Wilmington, Delaware, l'État où la circulation est la plus lente des États-Unis, pour finir, après Atlantic City et quelques autres bords de mer, par Philadelphie, qu'en Amérique on surnomme Phillie.

Redevenu une tête d'affiche irréprochablement disciplinée, j'avais quitté New York, dans un wagon-lit digne du président lui-même, couvert de fleurs, de bouteilles de whisky millésimé et de télégrammes d'encouragement.

Le théâtre de Philadelphie, où j'occupais la loge vedette, est toujours l'ultime étape avant la mise en place de la pièce et sa production éventuelle dans ce quartier célèbre dans le monde entier : Broadway. C'est à Philadelphie que les critiques new-yorkais viennent décider de l'avenir d'une pièce.

Les murs de ma loge étaient couverts d'inscriptions au crayon de couleur ou au rouge à lèvres, soulignant le triomphe ou le désastre enregistré par les tournées qui avaient précédé la nôtre. Elles étaient diversement rédigées : « I was a hit in Phillie, Phillie was a triumph. I died in Phillie, Phillie is a shit ! », etc.

Ces déclarations étaient signées Montgomery Clift, Katharine Hepburn, Marlon Brando, Jack Lemmon ou Richard Burton. J'ajoutai aux « I died in Phillie » de Tony Perkins : « So did I ! » Après deux représentations désastreuses, au cours desquelles notre avenir ne faisait pas de doute, on me remit un billet, de seconde classe cette fois, pour rejoindre New York. Personne ne me dit au revoir ni ne songea à m'accompagner à la gare. C'était une nouvelle démonstration, à mes dépens, du fait que les Américains ne tolèrent que la réussite absolue dans quelque domaine que ce soit. De même qu'ils enjambent la victime d'un infarctus allongée sur le trottoir de la Cinquante-Quatrième rue, ils n'ont pas un regard ni un geste compatissant pour qui a fait une fausse manœuvre, que ce soit à la tête de l'entreprise Ford, dans un snack-bar, une laverie automatique, la First National City Bank ou une pièce de théâtre.

Je rentrai à New York fort bien muni de dollars, mais sans l'ombre d'un projet. J'appris en outre que mon permis de travail ne pourrait être renouvelé que six mois plus tard. Dans l'espoir que de longues vacances à Manhattan calmeraient un peu ma déception, je décidai d'y rester jusqu'à l'épuisement de mes fonds. Alex accepta cette présence oisive et quinteuse avec son indulgence accoutumée et, mon immense paresse aidant, je n'eus pas trop de mal à passer quelques mois à ne rien faire que visiter cette Métropolis de fond en comble, en inspecter tous les recoins et y vivre plusieurs vies.

Un soir où mon humeur était spécialement massacrante, je pris un taxi pour le bas de la ville et me fis conduire à Washington Square. On m'avait dit que le spectacle de la retape féminine et masculine, blanche, jaune ou noire, y était à ne manquer sous aucun prétexte. J'observai le spectacle d'un comptoir de bar, puis d'un autre et je m'aperçus en payant mon dernier verre qu'il ne me restait plus un *cent*. Je sortis. Peu de temps s'écoula avant que je ne fusse suivi de *très* près par un homme à l'aspect raffiné, un vieillard semblait-il. Ses intentions à mon endroit étaient limpides. Une idée me traversa l'esprit. J'attendis qu'il m'aborde et le prévins que j'étais *terribly expensive*. Puis j'acceptai de le suivre dans un appartement du début de la Cinquième avenue, un endroit raffiné parcouru par une meute de chihuahuas galopant et jappant en tous sens. Mon hôte devenait de plus en plus nerveux et moi de même.

Je me donnais le plus mauvais genre possible. Au moment où la panique commençait véritablement à me saisir et où je décidai que la plaisanterie avait assez duré, il me proposa, en tremblant, d'aller me chercher un verre de cognac dans la cuisine. Il revint, toujours aussi manifestement paniqué par ce genre de rencontre. Je bus sans un mot, arborant l'air le plus désagréable possible. Il me demanda enfin quelles étaient mes conditions. Je lui indiquai le prix du parcours en autobus de Greenwich Village à la Soixante-Troisième rue, où j'habitais, tarif assez bas, unique à cette époque, et qui l'est resté. J'ai rarement vu quelqu'un avoir l'air aussi ahuri et soulagé. Il me tendit, sans un mot, un *quarter*, c'est-à-dire vingt-cinq *cents,* pas un de plus. Je le pris en souriant, enfin, et en lui faisant tout de même remarquer qu'il s'en tirait à peu de frais. Cette expérience dans la galanterie rémunérée fut la première et la dernière de ma vie.

Pour le reste, mon long séjour à New York fut moins haut en couleur. Je me souviens d'avoir visité l'Empire State Building en même temps que le roi Hussein de Jordanie, dont on a beaucoup parlé ces derniers temps. Je passai beaucoup de temps au zoo du Bronx qui est, je crois, le plus beau du monde et aussi de nombreuses soirées avec des amis français de passage à New York, comme Élisabeth de Croï, Annie Fargue et son mari, le chorégraphe Dirk Sanders. Hélas, le sac de dollars se vidait. Je dus regagner Paris après ce second échec américain. Je repris le bateau, un peu plus modestement que la fois précédente, et de nouveau torturé à l'idée de ce qui m'attendait en France. Mon rêve américain s'évanouissait pour la deuxième fois.

L'organisateur de la tournée de *Britannicus,* Jean de Rigault, qui agissait sous le haut patronage de Philippe Erlanger pour le service culturel des Affaires étrangères, avait pris une place importante dans les échanges théâtraux entre la France et le reste du monde. À peine étais-je à Paris qu'il me proposa de repartir avec *L'Otage* de Paul Claudel au Canada, aux États-Unis et dans les principales capitales européennes. Je déteste Paul Claudel. Je le considère, de plus, « inapprenable » et d'un ennui souverain, mais je n'étais pas débordé par les propositions après une si longue absence.

Après avoir refait pour la seconde fois connaissance avec Paris, je m'envolai, cette fois, pour le Canada, avec Jean Le Poulain et Hélène Sauvaneix. L'ennui de cette tournée fut sans limites. Tout le monde y succombait. Nous n'eûmes de succès que dans les séminaires. À Bruxelles, nous jouâmes devant la reine-mère Élisabeth de Belgique. J'étais très malade, souffrant d'une laryngite infectieuse, et tremblant de fièvre. Quand nous fûmes présentés à la reine, elle eut la réaction d'une vraie grand-mère et s'enquit de mon état. Je le lui expliquai en lui faisant part de la quasi-impossibilité de me faire soigner, étant donné la rigueur de notre emploi du temps. Elle me répondit, avec une autorité souriante et sans réplique, de ne pas m'inquiéter. Elle allait s'occuper de tout au plus vite. En effet, le lendemain à sept heures du matin, le téléphone me réveilla. C'était sa dame d'honneur qui m'avertissait que, grâce à Sa Majesté, j'avais rendez-vous une heure plus tard avec le célèbre professeur Van Den Branden, médecin du roi Baudouin, petit-fils de ma bienfaitrice. J'appris ultérieurement qu'il fallait s'y prendre quatre mois à l'avance pour être reçu par ce praticien. Il m'examina avec une brutalité ahurissante, mais fit si bien que, quelques jours après, j'étais guéri. On se moque souvent de moi à cause de mon goût marqué pour la fréquentation des têtes couronnées. Il n'est pas toujours sans résultat heureux !

Auparavant, une soirée à l'ambassade de France à Washington, après la représentation de *L'Otage*, n'avait pas manqué de piquant. Le dîner fini, je me trouvais devant un guéridon, fumant ma soixantième cigarette de la journée, quand deux journalistes américains vinrent me rejoindre avec la désinvolture de la plupart de leurs concitoyens. L'un d'eux, convaincu que j'étais un de ses confrères, m'interrogea. Savais-je qui était la nullité qui jouait le rôle de Georges de Coufontaine dans l'accablante pièce française qu'ils venaient de voir ? Avant que j'aie eu le temps de lui répondre, l'autre, ne doutant pas que j'étais un spécialiste du théâtre européen, me pria de lui dire si cet acteur de dixième ordre et qui, d'après le programme, s'appelait « Frankoïs », était vaguement connu à Paris. Je leur répliquai, enchanté par ce malentendu et avec mon accent américain le plus pur, que ce « Frankoïs » c'était moi !

Ils courent encore.

Le dernier et fort triste souvenir que je garde de cette assez médiocre expédition est l'annonce, à l'ambassade de France à Copenhague, de la mort, à trente-sept ans, de mon ami Gérard Philipe. Il me fallut bien du temps pour oublier cette injustice du sort. Elle frappait un homme possédant tous les dons et tous les charmes de la terre.

16

Le Misanthrope aura peut-être un sixième acte

Les voyages, petits ou grands, ornaient ma vie beaucoup plus qu'ils ne l'enrichissaient. Je n'ai jamais éprouvé de joie profonde à faire quoi que ce soit pour n'en tirer qu'une satisfaction strictement personnelle. Il n'y a de grand bonheur pour moi, dans quelque domaine que ce soit, que s'il est partagé avec quelqu'un à qui je tiens profondément. Je parviens mal à me faire des amis, alors que je n'ai aucune difficulté à me faire des relations. Lorsque je me suis levé du bon pied, je peux être, paraît-il, d'agréable compagnie. On dit que ma drôlerie est parfois vive, ce qui me paraît excessif, mais si, en effet, il peut m'arriver d'être amusant, très rarement je suis gai. La drôlerie et la gaieté n'ont, pour s'épanouir, aucun besoin l'une de l'autre. Ma causticité et la dureté de mes jugements en enchantent beaucoup, en terrifient quelques-uns et ont éloigné de moi beaucoup de celles ou de ceux avec qui j'aurais voulu avoir des liens étroits. Rien ne m'est plus pénible que de faire de la peine. Si cela m'arrive, je souffre cruellement du mot ou du geste qui a touché l'autre. Je ne compte plus les fois où j'ai été physiquement malade d'avoir blessé un tiers parce que je ne pouvais retenir une plaisanterie ou ce que nous prenions stupidement, quelques complices et moi, pour de l'esprit, et qui atteignait ma victime à un point particulièrement sensible.

L'ironie est une arme dangereuse, à manier avec extrêmement de prudence et d'habileté. Je me suis souvent trouvé dépourvu de l'une et de l'autre. Le cardinal Daniélou a écrit, dans un de ses carnets secrets : « L'ironie m'a fermé bien des cœurs. » C'est une humble et admirable réflexion qui témoigne d'une superbe connaissance de soi. Je pourrais, si j'osais, la faire mienne. Combien de fois ai-je maudit ce petit don que j'ai pour la cinglante repartie qui amuse dix personnes mais plonge la onzième dans la tristesse ?

Je ne crois pas que ce soit à cause de cette tournure d'esprit que les voyages, une de mes principales activités pendant presque deux ans, n'ont pas exercé sur moi la fascination escomptée. Éblouissement ou dégoût, surprise émerveillée ou écœurée, selon les étapes, ces sentiments ne m'ont que très rarement effleuré, parce que je ne les partageais avec personne. La participation d'un être à qui l'on tient à une émotion, est ma raison d'exister.

J'avais eu tant de motifs de souffrir de la solitude du cœur quand j'étais enfant, puis jeune homme, puis devenu homme, que l'absence d'échanges pendant la découverte des multiples aspects de la vie m'accablait. C'est là ce qui explique mon caractère difficile et l'étrangeté de mon comportement, du moins si l'on accepte l'indulgence et la politesse dont font preuve mes amis en en parlant. Cocteau a écrit un livre admirable auquel il a donné pour titre : *La Difficulté d'être*. C'est en partie la réponse que donna, sur son lit de mort, Fontenelle à un parent qui lui demandait ce qu'il ressentait. Il lui répondit cette phrase sublime :

– J'éprouve une certaine difficulté d'être.

Cet état a toujours été le mien avec plus ou moins d'intensité. Il ne devait pas, fort heureusement, durer encore très longtemps, si les grands voyages ne faisaient, eux, que débuter.

Jean de Rigault a de graves défauts, mais sa détermination souriante lui a valu de promener autour du monde de très nombreux spectacles qui y ont eu presque toujours un assez grand succès. Assez fin psychologue, il avait deviné, ce qui n'était pas très difficile, mon goût immodéré pour tout ce qui m'entraînait loin de chez moi et loin de moi. Après l'accablante tournée claudélienne, il me proposa de repartir pour jouer, deux ou trois mois après, Oronte dans *Le Misanthrope*. Cette pièce était mise en scène en costumes modernes, c'est-à-dire en habits et robes du soir.

Nous devions cette fois faire vraiment le tour du monde. Il s'agissait, partant du Canada, de traverser les États-Unis d'une côte à l'autre puis poursuivre jusqu'en Australie, Hawaï et l'Extrême et le Proche-Orient. Ce long périple devait se poursuivre de Venise à Helsinki en passant par Hambourg, Stockholm, Oslo, Barcelone et Trieste. Toutes les capitales nous demandèrent. Cette fois, je jouai Alceste, dont j'avais toujours rêvé, et Marcel Achard nous demanda de joindre à Molière son *Jean de la Lune*. Malgré mon étonnante absence d'instinct, je devinai à ce voyage de nombreux et curieux prolongements. La promesse de passer ces mois avec à peu près les mêmes partenaires, en tout cas la même Célimène, me fit me précipiter sur la liste des acteurs que Rigault avait déjà engagés. J'y retrouvai le nom d'une jeune actrice que j'avais rencontrée quelques années plus tôt dans *Dominique et Dominique*, au théâtre Michel. Je dis bien l'y avoir rencontrée et non l'avoir connue, pour l'excellente raison que nos premiers contacts eurent lieu à une époque où je ne parlais qu'à de très rares privilégiés, et ou le fait d'être ma partenaire principale n'impliquait nullement celui de faire partie de mes amis.

Je retrouvai donc « mademoiselle de la Voraigne » devenue Madeleine Delavaivre en Célimène. Les répétitions se passèrent fort agréablement. Bernard Dhéran, le metteur en scène, était patient, précis et courtois, et Madeleine Delavaivre le charme même dans tous les domaines, en dehors du fait qu'elle était une Célimène spirituelle, pétillante, attendrissante, émouvante et située à des années-lumière de la convention. Elle a feint d'avoir oublié l'insupportable dandy que j'étais quand nous avions pour la première fois partagé une tête d'affiche. Elle fut avec moi instantanément amicale, souriante et merveilleusement ce qu'Alceste aime ou ne supporte pas, suivant les actes de Molière, chez la femme de sa vie !

La première manifestation de cette amitié naissante ne pourra jamais s'effacer de mon esprit ni de l'esprit des témoins de notre départ pour Montréal. Mademoiselle Delavaivre, ainsi que je m'acharnais encore à l'appeler, estimant que j'étais seul juge du moment où je l'appellerais Madeleine, s'était fait fabriquer chez un grand sellier parisien, « pour accompagner », comme aurait dit, je pense, Madame de Sévigné, une petite valise (*vanity case*). La qualité de son cuir et de ses ferrures, ses serrures et cadenas la faisaient peser une tonne. Je l'ai, pour la première fois, aidée à passer une douane à Orly en portant cet objet sous le regard amusé de la famille de Mlle Delavaivre. Ai-je besoin de dire que l'expérience devait, pour mon bonheur, se renouveler quelques centaines de fois ?

Cet immense voyage fut prétexte à des douzaines d'incidents heureux, malheureux quelquefois, inattendus presque toujours. Ce qui pour moi reste inoubliablement vivant est l'amitié, puis l'affection qui nous attachèrent l'un à l'autre, Madeleine et moi, dès les premières semaines qui suivirent notre départ de France. Je ne laissais rien derrière moi. Elle y laissait peut-être beaucoup, je ne sais, mais, avec une déconcertante rapidité, disparut le sentiment de solitude qui me hantait depuis tant d'années. Nous avions, en dehors de la scène, des vies très indépendantes l'une de l'autre, mis à part les voyages qui nous réunissaient en avion, en train ou en voiture. Mais même si le hasard faisait, très rarement il est vrai, que nous restions trois ou quatre jours sans nous voir, j'avais, pour la première fois, le sentiment que quelqu'un était à mes côtés ou y serait au moindre signe. Je me refuse ici à parler de ma vie sentimentale avant qu'elle ne soit parvenue à un équilibre définitif. Mais la solitude ne sous-entend pas que j'aie passé seul la moitié de mon existence ou à peu près. Mes jeunes années ont été, au contraire, extrêmement et diversement meublées. Mais, je le répète, en demandant qu'on me pardonne cette confession obsessionnelle, j'étais seul au milieu de ce que j'oserais appeler pudiquement un tourbillon. Or, depuis que les ampoules que m'avait causées le « trimbalage » des bagages de Madeleine Delavaivre étaient cicatrisées, je ne l'étais plus. Elle a toujours eu trop d'instinct pour ne pas l'avoir deviné très vite. Elle a aussi toujours eu trop de tact pour ne pas avoir su dissimuler ce qu'elle avait deviné. Nous jouions le même jeu, affectant de trouver normale la naissance de cet attachement. Je ne sais le prix qu'elle lui donnait. Il était pour moi enchanteur et confondant. Nous parcourûmes donc le monde la main dans la main. Je n'emploie pas cette expression sur le ton « midinette », mais sur celui de la confiance absolue et de la compréhension. Aucune gravité inutile n'empêchait cette entente de se manifester avec la plus franche gaieté quand l'occasion s'en présentait.

Après une halte forcée de quatre jours à Darwin, au nord de l'Australie, nous parvînmes à nous glisser, pour survoler les îles Philippines, dans un avion en principe réservé à un groupe de rabbins séminaristes. Un orage comme je n'en ai jamais vu s'abattit sur nous, on éteignit toutes les lumières de l'avion et ce fut au son des hymnes hébraïques funèbres, ces jeunes gens ne mettant pas en doute que notre fin au milieu des requins était imminente, qu'après trois heures nous atterrîmes à Manille.

Au Cambodge, Madeleine dut se fâcher très sérieusement pour que j'acceptasse d'aller jeter un regard sur les temples d'Angkor, alors que nous jouions à Phnom Penh, à deux cents kilomètres de ces fabuleux monuments. J'avais, en effet, déclaré qu'ils ne m'intéressaient en aucune façon. La crainte de me fâcher avec elle et de lui faire de la peine me fit visiter ces lieux qui sont un des sommets de la civilisation mondiale.

À Beyrouth, je me retrouvai pendant quarante-huit heures avec, pour tout bagage, une paire d'admirables photophores achetés au bazar de Téhéran, toutes mes valises ayant été égarées. Je refusai de quitter ma chambre, malgré une chaleur torride, pour aller m'acheter un short de bain et profiter de la piscine.

À Téhéran, on m'interdit l'accès au théâtre, sous prétexte que l'impératrice venait voir *Le Misanthrope*. Il fallut trente minutes de palabres pour que je parvienne à faire comprendre en anglais, le farsi m'étant inconnu, au chef de la police impériale que *Le Misanthrope* c'était moi et que, si on m'interdisait l'accès du théâtre, Sa Majesté n'avait plus qu'à retourner passer la soirée à la maison.

À Copenhague, on nous fit boire, au cours d'une réception suivant le spectacle, un mélange qui était censé nous conduire aux pires folies, mais qui ne fit que nous précipiter vers nos salles de bains respectives que nous ne quittâmes pas pendant deux jours !

À Hawaï, on me chercha partout au moment du départ de l'avion et on me trouva couché contre une de ses roues, dormant à poings fermés, à la suite d'un dîner un peu trop copieux, puis on me monta à bras d'homme jusqu'à trois sièges transformés en civière. J'y restai jusqu'à Sydney ignorant l'escale aux îles Fidji.

À Chicago, je décidai que j'avais assez voyagé pour la saison et qu'il me fallait un peu de repos avant de gagner l'étape suivante, ce que faisait le reste de la troupe aussitôt après la représentation du soir. Madeleine s'inventa une effroyable rage de dents et déclara à Jean de Rigault qu'elle exigeait que je reste sur place avec elle pour l'accompagner chez le dentiste avec qui elle était incapable de s'expliquer sans mon secours.

Ce sont là quelques-unes des péripéties un peu bouffonnes de notre équipée. Il y en eut d'autres, nombreuses, très émouvantes et très belles.

À Los Angeles, nous retrouvâmes Simone Signoret au dîner offert pour nous par Romain Gary, alors consul général de France. Je me retrouvai avec beaucoup d'émotion, une dizaine d'années après mes débuts au cinéma, dans ce Beverly Hills dont je connaissais chaque pierre, mais que Madeleine découvrait après que je lui en eus tant parlé. Simone Signoret était une très ancienne amie. Je la priai de me prêter sa somptueuse voiture et son chauffeur. Ce qu'elle fit avec la spontanéité merveilleuse que ses amis lui connaissaient. J'emmenai Madeleine goûter le silence des collines de Hollywood au pied desquelles la ville la plus étendue du monde scintillait dans la nuit jusqu'au bord de l'océan Pacifique.

Un autre jour, nous partîmes en tête à tête de San Francisco pour Carmel et Monterey, des lieux parmi les plus enchanteurs et les plus harmonieux du monde, là où, exceptionnellement, l'océan Pacifique est enfin d'un bleu perçant et limpide.

À Helsinki, j'invitai Madeleine à dîner chez ce qui correspond au Maxim's de la Finlande et nous ne pûmes commander un repas, du reste immangeable, que grâce au croquis que sur le menu nous dessina le maître d'hôtel pour nous aider à faire notre choix, le finnois étant imperméable au reste de l'humanité. Pendant ce temps, un orchestre de quatre musiciens jouait *Ramona* !

À Adélaïde, en Australie, nous eûmes droit à du bourgogne pétillant qu'il nous fallut finir dans des écuelles à cidre de peur de l'arrivée inopinée d'un contrôle policier. Il était minuit cinq et servir de l'alcool à partir de minuit était interdit.

Tout cela était beaucoup plus haut en couleur qu'il n'y paraît et nous rapprochait chaque jour davantage l'un de l'autre. Je ne voudrais pas qu'on prenne pour de l'ironie ou de l'insolence mon affirmation que Madeleine n'était pas très difficile à comprendre et à vivre. C'est le privilège des êtres sains, équilibrés, sachant donner à chaque événement, à chaque problème, à chaque joie sa véritable importance. C'est le merveilleux état que procure l'intelligence du cœur quand elle s'ajoute à l'intelligence « tout court », si tant est que l'intelligence puisse être courte ! Elle prend alors un autre nom ! J'étais, moi, très loin de cette souriante sérénité ou de cette gravité lucide qui permettent de passer sans effort et sans égratignure trop apparente du fou rire aux larmes. Madeleine voulut bien se charger de mon cas. Elle le fit avec un doigté qui m'empêcha, ne fût-ce qu'un instant, de la cataloguer parmi les infirmières ou les sœurs de charité ! Elle me fit arriver à ce stade magique où, quoique ma vie ne fût pas du jour au lendemain devenue un lac sans ride, puisque Paris et ses habitants continuaient à me tenir au courant de leur existence, j'eus le sentiment que je ne serais plus jamais un homme vraiment seul ! Le tumulte et l'agitation que j'avais abandonnés pour un temps et qui ne manqueraient pas de s'emparer à nouveau de mes journées et de mes nuits, allaient, je le devinais, avoir de moins en moins d'emprise sur moi.

Édimbourg demanda la pièce de Molière et *Jean de la Lune* pour son célèbre festival. Marcel Achard, entre deux représentations de sa pièce, qu'il voulut bien déclarer n'avoir jamais vue aussi bien jouée, fut fait docteur *honoris causa* de l'université de cette ville. Nous assistâmes aussi à une soirée du « Tatoo » militaire, cette superbe revue écossaise qui a lieu traditionnellement dans l'immense cour du château d'Édimbourg, puis nous dinâmes chez lord Harewood, cousin de la reine et organisateur du festival. Il faut préciser que sans le décor du *Misanthrope,* à la suite d'un différend avec la précédente administration de la tournée, nous devons à la compréhension de Jean Lurçat et de sa femme, d'avoir joué en Écosse et à Paris au théâtre Sarah-Bernhardt puis, pendant une saison française au théâtre Piccadilly, à Londres devant d'immenses, sublimes et authentiques tapisseries du maître. Elles formaient un cadre inoubliable aux somptueuses robes créées par Pierre Cardin.

17

Londres, W I – Moscou, place Rouge

Je n'en avais pas fini avec l'Angleterre. À peine avais-je remis un pied à Paris, au début de l'été, qu'André Roussin me demanda si je trouverais un intérêt quelconque à aller jouer en anglais à Londres sa pièce en vers, *Les Glorieuses*, que John Gielgud devait mettre en scène dans un théâtre encore indéterminé de Shaftesbury Avenue. Mon agent anglais, Derek Glynne, devenu depuis producteur de spectacles en Australie et au Japon, s'occupa des détails, c'est-à-dire d'un contrat d'un montant tout à fait exceptionnel. Madeleine me dénicha, puisqu'elle séjournait à Londres à cette époque pour y parfaire sa maîtrise de l'anglais, un ravissant appartement dans Sloane Street. Je ne doutais pas un instant du triomphe qu'André Roussin et moi allions remporter.

Avant que ne commencent les répétitions, d'innombrables entrevues eurent lieu entre le producteur, personnage aussi âgé que célèbre, l'adaptateur de la pièce et moi, pour me trouver une partenaire. Aucune vedette ne leur paraissait digne de cet emploi. Les photographies de Vanessa Redgrave, Maggie Smith et autres étaient annotées sans beaucoup de respect ni de ménagements, à peu près comme s'il s'était agi de figurantes. Ma surprise grandissait cependant de jour en jour devant l'absence de John Gielgud à ces importants débats. Une autre petite surprise était celle de ne jamais entendre parler du moindre shilling. Une forme de candeur, qui ne m'a presque jamais quitté, me faisait penser que c'était l'usage outre-Manche de parler d'argent le moins possible, et avec un maximum de discrétion, jusqu'à ce qu'un chèque tombe du ciel !

Après une ou deux semaines de cette effervescence et l'installation de mon appartement, où j'envisageai de vivre pendant un minimum de deux saisons, je n'entendis plus parler de quoi que ce soit concernant le spectacle. Derek Glynne me supplia de ne pas m'inquiéter et j'attendis patiemment, en grande partie aux frais de Madeleine, je l'avoue aujourd'hui sans trop de honte, que se dénouât la situation. Elle se dénoua en effet quand, un matin, des messieurs ayant l'aspect d'employés des pompes funèbres, coiffés de melons, sonnèrent chez moi, et m'apprirent sans ménagements le désistement de John Gielgud, que je n'avais d'ailleurs jamais rencontré, et la faillite totale de l'entreprise. C'était beaucoup, d'autant que l'on me rendait toute liberté de regagner Paris. J'eus droit à l'expression de très plates excuses et beaucoup de regrets mais aussi à l'absence du moindre dédommagement, ne fût-ce que mon billet de retour ! Il en fallait plus pour démonter Madeleine, toujours présente à Londres. Elle me jura, alors que j'étais au bord du suicide, que le soleil allait rebriller très vite ! Elle me proposa, ayant elle-même épuisé les charmes de la capitale britannique et achevé son stage linguistique, de regagner Paris avec elle dans sa voiture. Je passai chez elle ma dernière nuit anglaise puisqu'il avait fallu rendre les clés de mon appartement à sa propriétaire. Celle-ci s'était montrée à mon égard d'une bouleversante compréhension et avait compati de tout son cœur à mes malheurs. Nous quittâmes Londres à l'aube. L'immeuble situé derrière celui qu'habitait Madeleine était en flammes ! Elle me dit, en souriant, ces quelques mots :

– Jacques, le feu est derrière vous !

Nous nous arrêtâmes entre Calais et Paris chez Marion Delbo, à Saint-Brice, pour l'embrasser. Je n'étais pas descendu de voiture qu'elle se précipita sur moi en me demandant d'appeler Claude Sainval, directeur de la Comédie des Champs-Élysées, qui me cherchait partout et qui, connaissant notre amitié, avait fini par tenter de me joindre chez elle. Il s'agissait de jouer avenue Montaigne *L'Amant complaisant* de Graham Greene, avec Martine Sarcey et Henri Guisol. J'habitais à trente mètres du théâtre. Ce ne fut pas pour cette raison que j'acceptai la proposition de Claude Sainval, mais parce que le rôle était très beau et la pièce tout à fait à mon goût. En quelques semaines, j'avais quitté Paris pour jouer une pièce française à Londres et le regagnais pour jouer une pièce anglaise en français !

Je pense que dans tous les métiers du monde, l'inattendu joue une part d'une certaine importance, mais y a-t-il une profession où il soit installé d'une façon aussi permanente, grisante ou infernale que dans la mienne ?

Pour la deuxième fois avec la pièce de Graham Greene, je fus la victime de projectiles envoyés de la salle. La pièce met en scène un dentiste qui joue volontiers les crétins pour avoir la paix et, de plus, est trompé par sa ravissante femme. Les élèves de l'École dentaire de Paris prirent fort mal la chose, y trouvèrent un merveilleux prétexte à un énorme chahut et, un soir, des sacs de plâtre, des moulages de dentiers, des douzaines de molaires en matière plastique arrivèrent jusqu'à nous. Martine était dans la joie et moi au comble de l'exaspération, état qui m'est, hélas, familier ! Cet incident me rappelait trop les drames accompagnant la pièce de Robert Brasillach quelques années plus tôt. Il n'eut pas les mêmes conséquences et, le chahut calmé, la représentation reprit. Beaucoup d'autres suivirent.

Chaque année un festival de théâtre étranger avait lieu à Londres. On nous demanda, à Madeleine et à moi, d'y participer, avec deux pièces inédites en Angleterre. Notre choix porta sur une pièce de Georges Feydeau, *Le Système Ribadier*, et le célèbre acte de Musset *Un caprice*. Bernard Evein dessina pour nous des décors enchanteurs et ces deux pièces, si opposées l'une à l'autre par le style, l'esprit et l'interprétation qu'elles impliquent, furent superbement accueillies. La première représentation fut suivie d'une soirée à l'ambassade de France chez monsieur Geoffroy de Courcel. J'y présentai Madeleine à la duchesse de Kent qui adorait Feydeau.

Sur un tout autre plan, se situe le souvenir de l'habilleur de Madeleine. Pendant nos rares absences du théâtre il avait l'amusante habitude de revêtir une des robes que Madeleine portait en scène puis de l'imiter devant la glace à trois faces de sa loge. Il avait exactement les mêmes mensurations qu'elle, mais était sensiblement plus efféminé que « Madame de Léry ». Nous le surprîmes plusieurs fois dans cet accoutrement et à cette occupation. Rien ne pouvait moins le gêner. Cela se soldait par des plaisanteries bilingues, des recettes de cuisine anglaise et d'immenses fous rires.

Mon père mourut pendant les répétitions du spectacle. Je m'y attendais. Il était atteint de ce que le professeur Lucien de Gennes, qui le soignait, diagnostiqua comme un état permanent de « nolonté », mot qu'il a, je suppose, inventé et qui décrit parfaitement la lassitude insurmontable du patient. Il éprouve un refus permanent de continuer à vivre. Mon père avait manifesté devant moi, à plusieurs reprises au cours des mois précédents, une telle fatigue et son désintérêt pour tout et tous. Il s'est laissé mourir de son plein gré, du lent suicide de ceux à qui répugne un geste brutal. C'était le premier mort connu de moi en présence duquel je me trouvais. Tout un passé catastrophique s'effaça en un instant. Le théâtre, l'affection de Madeleine, l'amitié de mes partenaires me furent alors très précieux. J'étais, je dois l'avouer, beaucoup plus « impressionné » que profondément triste, mais la page qui tournait ce jour-là était tellement remplie de drames et de malentendus que mon bouleversement fut intense.

Ma vie d'acteur devait, peu de temps après, c'est-à-dire en 1963 environ, aborder un tournant décisif. J'hésite à répéter cette expression. Tous les tournants de notre existence ou presque sont en effet décisifs. Mais, certains donnent à notre carrière une direction inattendue ou espérée depuis longtemps. Ce fut le cas quand André Barsacq me proposa de jouer à l'Atelier *Un mois à la campagne* d'Ivan Tourgueniev. Sa fille Élisabeth et Delphine Seyrig devaient y être mes partenaires.

La pièce est un chef-d'œuvre. Elle avait pour moi le prix incomparable de me faire enfin changer d'emploi, c'est-à-dire d'abandonner les rôles de jeunes premiers et d'amoureux plus ou moins transis pour aborder ceux d'hommes mûrs.

Un mois à la campagne fut un triomphe. Nous jouâmes deux saisons à Paris. Pendant la deuxième partie de la première et la première partie de la seconde, Delphine Seyrig et moi ne nous adressâmes pas la parole à la suite de maladresses commises par l'un ou l'autre au cours des répétitions. Heureusement c'était absolument invisible pour le spectateur. J'étais en scène pendant deux heures et pendant ces deux heures j'étais fou d'elle, elle faisait de moi ce qu'elle voulait. Grande actrice, elle compta parmi les partenaires de tout premier plan que j'ai pu avoir et que j'aurai peut-être encore. J'avais pour son talent une extrême admiration. Dès l'instant où elle entrait en scène, tout ce qu'il pouvait y avoir de compliqué dans nos rapports disparaissait. André et Mila Barsacq d'un côté et tous nos coéquipiers de l'autre, s'ingénièrent pendant deux ans à dissiper nos malentendus. Leurs efforts furent vains jusqu'au jour où nous partîmes en tournée avec les galas Karsenty. Tout était dissipé quand nous allâmes jouer Tourgueniev dans son pays natal, c'est-à-dire pendant trois semaines à Moscou, une semaine à Tbilissi en Géorgie, et une semaine à Erevan en Arménie. Le succès de ce spectacle, qu'accompagnaient *L'Antigone* de Jean Anouilh et *Le Barbier de Séville* de Beaumarchais, fut considérable. *Un mois à la campagne* menait au délire les publics de l'Union soviétique. Ils considéraient à juste titre que c'était un hommage au théâtre et à la littérature russe que l'on vînt jouer en français cette pièce chez eux. Tout le monde la connaissait par cœur. Chaque représentation était pour nous une fête. Nous sentions intensément le bonheur qu'éprouvaient les spectateurs.

Il n'en était pas de même des journées qui précédaient nos heures au théâtre Maly, jouxtant le Bolchoï. Passé l'admiration ressentie à la visite du musée des Armures dans l'enceinte du Kremlin, d'où tout ce qui peut ressembler à de la chaleur est exclu, dissipé momentanément l'émerveillement éprouvé devant certaines toiles de la galerie Trétiakov où, dans un fouillis inextricable, on court après un Renoir, un Manet ou un Gainsborough, passé la mélancolie qu'inspirent les tombes de Tourgueniev et autres écrivains russes prestigieux au cimetière de Moscou, la vie quotidienne était un long cauchemar d'ennui et de médiocrité, quand ne s'y mêlait pas le malaise provoqué par la surveillance permanente exercée sur les touristes par les interprètes ou les guides qui les encadraient dans leurs moindres déplacements et jusque dans les couloirs de l'horrible hôtel Ukrainia, où nous étions logés.

Chaque soir, des spectateurs nous attendaient à la sortie des artistes du Maly pour nous offrir, qui une fleur, qui un fruit, qui un mouchoir.

Un jeune homme d'une quinzaine d'années vint voir la pièce de Tourgueniev une dizaine de fois et m'attendit chacun de ces dix soirs patiemment pour me dire bonsoir en français, avant que je ne monte dans une des voitures qui nous raccompagnait à l'hôtel. L'avant-veille de notre départ de Moscou, il m'apporta un disque sur la pochette duquel il avait écrit un mot très touchant, dans un français enfantin et scolaire, me félicitant de mon interprétation du rôle de Rakitine. Le soir de la dernière représentation, je lui avais apporté, pour le remercier et lui laisser un souvenir de notre troupe, une paire de boutons de manchette. Je l'avais choisie parmi celles que j'avais ingénument emportées en vue de soirées habillées, lesquelles se présentèrent fort rarement ! Je cherchai mon jeune ami parmi les spectateurs, qui, comme précédemment, nous attendaient. Quand je le découvris et lui fis signe de venir me trouver, il me fit, lui, un geste d'adieu et mit, avant de s'enfuir, un doigt sur ses lèvres. Bien évidemment, il avait été repéré parlant à un étranger et menacé du pire. Je rapportai tristement mes boutons de manchette à Paris.

Madeleine me téléphonait de temps en temps. Je la terrifiais en lui disant ce que je pensais de l'Union soviétique et du climat insupportable qui y régnait. Elle m'affirmait que j'étais certainement sur table d'écoute, ce qui était très vraisemblable, et que j'allais être d'une façon imminente reconduit à la frontière, ce qui était mon vœu le plus ardent ! Hélas, il ne se réalisa pas ! Je ne commis qu'une grave erreur pendant cette tournée. J'étais arrivé à un tel degré d'écœurement après le séjour en Arménie, que je refusai l'invitation que la camarade Fourtseva, ministre de la Culture soviétique, fit à toute la troupe d'aller passer deux ou trois jours à Leningrad avant de regagner Paris. Je n'avais qu'une hâte : quitter ce pays au plus vite. Je regrette aujourd'hui assez amèrement de m'être précipité dans un fauteuil d'Air France à Cheremétiévo, au lieu de me rendre sur les bords de la Néva. C'est, paraît-il, le seul endroit de l'ex-Union soviétique digne d'un détour. Beaucoup de ceux qui sont allés en U.R.S.S. me pardonneront sans doute ce geste enfantin. Il me paraît certain que seuls les Russes aiment la Russie et la font aimer à ceux qu'ils aiment.

18

Vous avez deux minutes pour me répondre !

J'ai toujours eu un goût immodéré pour l'ordre. Mon entourage en souffre douloureusement. Ce goût est en fait, une sorte de maniaquerie grotesque. Elle fait que je me relève la nuit pour ranger au fond d'un tiroir les chaussettes bleues avec les chaussettes tirant sur le bleu, et les chemises beiges sur un autre rayon que les chemises grises ou les chemises blanches. Ce délire du rangement m'a empêché de commettre bien des sottises, celle notamment de mener de front plusieurs affaires sentimentales quand j'étais à l'âge des papillons, chaque geste, chaque battement de mon cœur ne pouvant absolument pas déborder sur le précédent ou le suivant. Tout était rigoureusement programmé. Il en est de même dans mon travail. C'est avec une certaine difficulté que j'assure les représentations d'une pièce en même temps que le tournage d'un film. Cela a limité mon activité professionnelle et mon agitation prétendument sentimentale. Il en a toujours été ainsi, il n'y a aucune raison pour que cela change, régresse ou progresse. Je le déplore et m'en félicite à la fois.

Après le voyage en Union soviétique, suivi de quelques interventions à la télévision qui ne méritent pas d'être citées, je décidai une fois encore de mettre de l'ordre dans mes affaires.

Après plusieurs séjours aux États-Unis, j'y avais laissé un embryon de désordre qui me causait naturellement quelques soucis. Ce qui eût été l'ordre même aux yeux de beaucoup m'apparaissait le comble du désordre et ce dans des domaines extrêmement variés. J'avais à liquider définitivement la part de propriété que je possédais d'un appartement, à mettre un terme à des pourparlers professionnels assez avancés et à régler des honoraires d'hommes d'affaires ou d'imprésarios dont j'avais assez lâchement prétendu ignorer les reliquats, quand j'avais quitté New York. Je sentais assez confusément que ma vie allait prendre enfin une direction que j'espérais définitive et je voulais aborder cette nouvelle naissance dans une tenue aussi immaculée que possible.

On baptise presque toujours les enfants en blanc, les premières communiantes et les mariées sont en blanc, les brassards et les chemises des garçons qui les accompagnent sont blancs eux aussi. C'est moralement dans cette couleur que je voulais, si tout se passait selon mes vœux, recommencer à vivre.

Je retournai donc pour quelques jours à New York où je fis table rase d'un passé qui n'avait rien à faire dans l'avenir que j'envisageais. Un de mes très chers amis installé à Manhattan, Pierre Olaf, qui fut une des gloires de la compagnie des Branquignols, voulut bien m'aider de sa vive intelligence et de sa sensibilité à résoudre la plupart des problèmes qui se présentaient à moi.

D'un cœur léger, je pris place dans le Boeing New York-Albi. Il ne s'agit pas d'un vol direct régulier, mais Madeleine, en tournée avec Fernand Gravey pour jouer *La Fin du monde*, de Sacha Guitry, se trouvait dans cette ville enchantée le jour où j'avais décidé de regagner la France.

Après une halte d'une heure à Paris je m'envolai pour Toulouse, dans un appareil plus discret que le précédent ! Je voulais refaire connaissance avec Madeleine. Nous passâmes un après-midi à nous laisser éblouir par les Toulouse-Lautrec du musée, et après avoir retrouvé à dîner le délicieux Fernand Gravey, connu à mes débuts, je les applaudis tous les deux le soir dans la pièce de Guitry. Le lendemain, je les accompagnai jusqu'à leur voiture, qui partait, je crois, pour Mazamet. Les voies du Seigneur sont décidément impénétrables !

À mon retour solitaire à Paris, dans le bonheur d'avoir retrouvé Madeleine telle que je l'avais quittée, je me sentais très différent de celui qu'elle avait conduit jusqu'à l'avion en partance pour New York quelques semaines auparavant.

Je vis s'approcher Noël avec beaucoup de joie, d'angoisse et d'impatience. Le 25 décembre 1965, et non le 24, comme l'aurait voulu la tradition – mais il faut bien de temps en temps faire preuve d'une certaine originalité – j'invitai Madeleine à dîner avec moi après avoir pris un verre de champagne dans mon appartement de la rive gauche. Elle voulut bien accepter. Après avoir gravi à pied les cinq étages qui conduisaient chez moi, elle se reposa un instant sur un canapé Napoléon III qui me suivait depuis longtemps d'habitation en habitation. Il était rouge. Je l'étais aussi. Madeleine, elle, était sereine et ravissante. Quand j'eus jugé que son essoufflement était calmé, je mis un genou à terre, lui pris la main, et le dialogue suivant s'établit :

– Madeleine, j'ai une question à vous poser.
– Ah ?
– Je vous donne deux minutes pour y répondre.
– Bien.
– Voulez-vous m'épouser ?
– Je n'ai pas besoin de deux minutes, la réponse est oui.

Mon sens tragiquement aigu du minutage et mon inexpérience dans le domaine conjugal firent que je ne doutai pas un instant que nous pourrions nous marier la semaine suivante. Elle m'apprit, comme beaucoup d'autres choses, que quelques démarches étaient indispensables, un certain délai obligatoire, la publication des bans inévitable et, comme je devais aller donner une cinquantaine de représentations du *Mois à la campagne* en province, la fête était, bon gré mal gré, remise au mois de mars. Je quittai Paris le cœur bondissant et débarrassé de toutes scories. J'étais ébloui d'avoir été accepté avec une si totale absence de surprise et d'hésitation.

Nous nous mariâmes le 10 mars 1966 à la mairie de la place Saint-Sulpice, dans la plus stricte intimité, comme on dit pour des cérémonies généralement moins heureuses. Fernand Gravey était le témoin de Madeleine. Le mien était un très vieil ami de mon père. Nul, nos mères exceptées, n'entendit l'échange de nos promesses, pour la bonne raison que Madeleine était à ce point aphone que le maire dut lire sur ses lèvres le « oui » traditionnel, sans percevoir sa voix. Elle joua cependant ce soir-là, la pièce de Guitry ayant été reprise à Paris. Fernand Gravey faisait sans doute les demandes et les réponses.

Une soirée surpeuplée réunit jusqu'aux petites heures du matin nos amis et collègues les plus chers chez ma toute nouvelle belle-mère, ange de compréhension dans tous les domaines. La plupart de nos invités jouaient dans différents théâtres. Ils n'avaient naturellement rien eu de plus urgent que de convier leurs partenaires à les accompagner à la « noce » Delavaivre-François ! Nous partîmes cinq ou six et nous retrouvâmes trois ou quatre cents vers quatre heures du matin ! Le dernier à nous quitter fut, après Robert Hirsch, un metteur en scène belge qui, en embrassant tendrement ma belle-mère, lui dit en me désignant avec une nuance de menace dans la voix :

– Chère Agnès, j'espère que tout ira bien, mais le risque est grand !

Cette phrase a vingt-cinq ans. Elle peut survivre dans sa fraîcheur vingt-cinq années de plus !

De très nombreux témoignages d'amitié et de sympathie chargés de vœux de bonheur nous parvinrent du monde entier, puisque nous avions réussi à nous faire des amis dans un grand nombre de pays. Un des plus jolis est le message que nous envoya Marcel Jouhandeau. Sa brièveté me permet de le citer *in extenso* : « Vive la mariée, vive le marié. Surtout ne suivez pas notre exemple : à couteaux tirés sans se quitter. Je vous embrasse. Marcel, 14 mars 1966. »

Je suppose que, de ce 10 mars au mois d'août suivant, il se passa quelques petites choses dans ma vie d'acteur. On comprendra que les circonstances me les aient fait complètement oublier. C'est sur un nuage que nous arrivâmes au mois de juillet, où l'année de ma renaissance devait trouver un prolongement qui eut pour moi des conséquences presque aussi extraordinaires que le « oui » de Madeleine quelques mois auparavant.

Jacques Charon, au mois de juin, avait déposé dans notre nouvel appartement une pièce de Françoise Sagan, *Le Cheval évanoui*. Il devait la mettre en scène en septembre au théâtre du Gymnase que dirigeait Marie Bell. J'avais lu cette pièce en une heure. Elle m'avait enchanté, avait enchanté Madeleine, dont l'avis m'était, depuis bien longtemps, infiniment précieux, et j'acceptai avec bonheur de la jouer. Le rôle était admirable. Le sujet aussi. Un lord anglais marié à une raseuse tombe amoureux de la maîtresse du fiancé de sa fille, que le jeune homme a amenée dans ses bagages. Le lord anglais n'est dupe de rien et, tristement et élégamment, rend sa liberté à chacun. Jacques Charon, que je connaissais depuis toujours, me demanda de venir voir Marie Bell, Françoise Sagan et lui-même le lendemain. J'avais, quelques années auparavant, repris à l'Atelier *Le Château en Suède*. Françoise Sagan m'y avait, je crois, apprécié. Elle me connaissait fort bien. J'avais joué Esther avec Marie Bell au théâtre Montansier à Versailles. Je me portai donc boulevard Bonne-Nouvelle avec une grande sérénité. Elle ne devait pas durer. Après les embrassades et les « mon chéri » d'usage dans tous les théâtres du monde, on me pria de prendre Nicole Courcel dans mes bras pour avoir une petite idée du couple que nous allions former, puis d'esquisser un pas de danse avec elle, que sais-je encore ? Ai-je besoin de dire qu'au bout d'un quart d'heure, je demandai aussi poliment que possible à Marie Bell si elle souhaitait que j'esquisse un tango avec l'acteur qui devait venir enlever ma fille dans la pièce. Il avait l'air d'un débardeur et notre duo eût pu être assez piquant. Je lui expliquai assez clairement que l'on avait depuis longtemps cessé de me déranger pour des enfantillages semblables et la priai de me faire prévenir si, à la réflexion, mon âge et mes mensurations répondaient à ce qu'elle, Françoise Sagan et Jacques Charon souhaitaient, espérant être encore libre le moment venu !

Je n'entendis plus parler de quoi que ce soit pendant quinze jours, sinon par l'intermédiaire de la page spectacles des journaux quotidiens qui annonçaient, un matin sur deux, différents interprètes pour le rôle de lord Chesterfield. J'étais effroyablement déçu. Après la pièce de Tourgueniev, celle-ci aurait pu définitivement faire de moi ce qu'on appelle en jargon théâtral un « grand premier rôle ». Madeleine, ayant fini de jouer la pièce de Guitry, tentait tendrement de me consoler et, il faut bien le dire, seul Fernand Gravey, qui était évidemment au courant de ces péripéties, ne perdit jamais espoir. « Si le rôle est vraiment ce que vous me dites, Jacques le jouera fatalement », disait-il à Madeleine quand elle lui faisait part de ma détresse.

Il avait raison. Un matin – il y en eut rarement d'aussi beau – où nous étions à la campagne chez ma belle-mère, près de Meaux, et où je me trouvais allongé sous sa 2 CV très fatiguée, tentant en vain de comprendre son refus de fonctionner, Jacques Charon appela pour demander si mon opinion sur la pièce de Françoise Sagan n'avait pas changé. Il me pria d'excuser ces ridicules tergiversations dans lesquelles il n'était, bien entendu, pour rien, et me demanda de passer les revoir, Marie Bell et lui, au

Gymnase. Je répondis que je ne remettrais les pieds dans cet établissement qu'avec un contrat signé dans ma poche et lui communiquai l'adresse de mon imprésario d'alors en lui conseillant de faire établir ce contrat le plus rapidement possible. Après quoi seulement je me rendrais à l'invitation de Marie Bell. Ce qui venait d'être dit fut fait !

Nous partîmes quelques jours plus tard, Madeleine et moi, le cœur léger et le manuscrit de Françoise Sagan sous le bras, pour une sublime petite crique de l'île de Majorque où nous avions loué une villa pour la durée du mois d'août. Ce furent quatre semaines de rêve, à ceci près que je revins seul à Paris en voiture, Madeleine ayant prudemment préféré prendre l'avion car, depuis quelques jours, elle attendait ce qui, je l'espérais de toute mon âme, allait être notre fils. Le succès du *Cheval évanoui* fut colossal. Il dépassa de beaucoup celui que nous espérions tous. La pièce, la mise en scène, Nicole Courcel et moi fûmes couverts d'éloges par une presse pour une fois unanime. Même la critique du *Monde* fut très aimable à mon égard, ce qui tenait du miracle.

Un seul incident notable marqua les quatre cents représentations de cette pièce. Il y a dans les loges des acteurs un haut-parleur qui leur permet d'entendre ce qui se passe sur le plateau et un peu dans la salle. Au cours d'une des rares scènes du *Cheval évanoui* dont je ne faisais pas partie, le débardeur, dont j'ai dit un mot tout à l'heure, flanquait une gifle retentissante à sa maîtresse. Il le faisait avec une telle délicatesse que mon haut-parleur en tremblait. C'était pour moi le signal de me hâter de nouer la sixième cravate de ma panoplie et de descendre en scène. Un soir, cette claque attendue sans surprise fut suivie par deux autres encore plus sonores que la première. Je me hâtai de descendre et appris du régisseur que Nicole Courcel, excédée par la brutalité de son partenaire lui avait, ce soir-là, rendu le double de son attention. Après quoi, elle avait feint un évanouissement qui ne trompa que les spectateurs. Le directeur de scène fit baisser le rideau et me pria de « faire une annonce » sur le malaise de mademoiselle Courcel. Le spectacle reprit cinq minutes plus tard. Lorsque le rideau se releva, elle fut bien entendu et justement acclamée !

Marie Bell m'avait prié, le soir de la nouvelle année, de lui apporter mon contrat en venant lui dire bonsoir, ce que je faisais avant chaque représentation et avais bien entendu l'intention encore plus ferme de faire à la veille du Nouvel An. J'ignorais encore la raison de sa demande quand, après m'avoir embrassé, elle me prit le contrat des mains, le déchira et m'en tendit un autre très élégamment différent du premier.

J'avais d'autres raisons de l'aimer beaucoup. J'admirais son talent, sa brutalité tendre, sa grossièreté hautaine, ses douces brusqueries, mais cette attention, suivant et en précédant beaucoup d'autres, me toucha infiniment.

Elle se fractura le col du fémur pendant que j'étais son pensionnaire. Nous allions souvent la voir, Madeleine et moi, à l'hôpital Américain où elle était soignée. Un jour, Véra Korène, avec qui j'avais joué *Le Martyre de saint Sébastien*, à la Scala de Milan, quelques années plus tôt, m'appela, affolée, pour me demander s'il était exact que cette « malheureuse et chère Marie » était souffrante. Véra est une femme extraordinairement pittoresque et dont je garde un souvenir ravi. À ma réponse affirmative concernant son ancienne cosociétaire de la Comédie-Française, elle me demanda ce que je jugeais bon qu'elle lui fît parvenir à la clinique :

– Peut-être, Véra... des fleurs !

– Soit, je vais lui envoyer quelques fleurs, mon chéri, mais par superstition naturellement !

Cela ne s'invente pas.

Puisque j'en suis au chapitre Véra Korène, je me rappelle qu'à Milan, elle avait fait l'impossible pour rencontrer Arturo Toscanini, alors à la fin de sa glorieuse vie. L'ayant appris, je suppliai Véra de me permettre de l'accompagner chez le maître des maîtres de la direction d'orchestre. Elle accepta. Lorsque nous arrivâmes chez Toscanini, il reposait sur une chaise longue, ne pouvant plus se lever. Après que sa femme nous eut présentés à lui, il nous invita à partager son thé. Après un long silence, pendant lequel il avait eu le regard étrangement fixé sur moi, alors que Véra était étourdissante d'élégance et de charme, il me prit la main sans lui adresser à elle un regard et dit simplement :

– *Que bella faccia !*

Mon goût immodéré pour les rencontres avec les personnages illustres était magnifiquement satisfait.

La soirée du *Cheval évanoui* du 12 avril 1967 fut la seule qui ne brillât pas, pour le public, de tout son éclat, et où il dut se sentir un peu frustré et ce, je l'avoue, par ma faute. J'avais conduit Madeleine dans l'après-midi, à une clinique de Neuilly. Depuis quelque temps, l'arrivée tant attendue depuis le retour des îles Baléares se précisait. Nous avions fait passer des auditions à de nombreuses et impressionnantes *nanies* de nationalités très diverses, pour nous fixer sur la plus expérimentée d'entre elles, la seule digne de s'occuper du dauphin espéré. Madeleine affectait une sérénité prodigieuse et j'étais, moi, au bord de la jaunisse, état qui, en fait, ne m'avait pas quitté depuis neuf mois. Le souvenir de ma sœur Micheline m'obsédait. La représentation du Gymnase était très courte, une heure trente environ. Ce soir-là elle dut durer une heure dix ! C'était peu ! Si mes partenaires ne se posaient pas de question sur la rapidité de mon débit ou l'absence absolue de la moindre nuance dans mon jeu, le public, lui, s'en posa peut-être et il eut raison. L'arrivée de monsieur ou mademoiselle François était prévue pour huit heures, le lendemain 13 avril. Je ne fermai pas l'œil de la nuit entouré affectueusement de quelques-uns de mes partenaires. Je passai prendre ma belle-mère chez elle vers sept heures et nous arrivâmes pour embrasser Madeleine au moment où on la transportait là où il fallait. Elle me fit des doigts le V de la victoire et nous attendîmes. J'en étais depuis la veille à mon quatrième ou cinquième paquet de cigarettes. Beaucoup plus rapidement que je l'avais envisagé, une infirmière sortit de l'ascenseur qui avait emporté Madeleine et son gros ventre. Elle me montra un paquet enveloppé d'une sorte de tablier de cuisine en me demandant spirituellement ce que je pensais qu'il pouvait bien y avoir là-dedans. Je lui répondis textuellement que je m'en foutais, car la seule chose qui m'intéressait était de savoir si à l'autre étage tout allait bien. Je lui demandai si ce qu'il y avait dans le paquet était conforme aux normes que j'avais étudiées en détail depuis l'été précédent. Sur sa réponse affirmative, je crois bien que je me suis à demi évanoui, pour me reprendre une seconde plus tard quand elle m'apprit que le paquet renfermait un petit garçon magnifiquement pourvu de tout ce dont il allait avoir besoin dans la vie, des pieds à la tête. Je ne quittai pratiquement pas la clinique. Les infirmières de l'étage où étaient installés Madeleine et notre fils étaient beaucoup trop occupées à soigner ma jaunisse spasmodique pour prêter attention à la récente maman et au bruyant monsieur Cyril. La plupart de nos parents et amis vinrent le voir et lui offrirent des cadeaux adorables qui le laissaient de marbre. La seule fausse note qui marqua ces affectueuses visites fut que chacun quittait la chambre de Madeleine en me disant son ahurissement devant la ressemblance de ce jeune homme avec moi. C'est, jusqu'au jour où j'écris ces lignes, l'unique vraie déception qu'il m'ait causée !

J'imaginais bien à tort que la façon dont on avait accueilli ma prestation dans la pièce de Françoise Sagan allait me rouvrir toutes grandes les portes du cinéma, qui s'étaient fermées pour moi depuis une dizaine d'années. Je n'arrêtais pas de travailler au théâtre ou à la télévision, mais il semble que la gélatine se figeait dès que mon nom était prononcé. Tout ce qui compte dans le monde du spectacle était venu au Gymnase, de Jean Renoir à Anatole Litvak, en passant par François Truffaut, Louis Malle et toute la nouvelle école. Beaucoup d'autres célébrités nous firent l'honneur de s'intéresser à nous. Artur Rubinstein et sa femme, à qui j'avais été présenté à Hollywood, vinrent le même soir que Sacha de Manziarly, de retour en France. Nous allâmes souper tous ensemble à l'Élysée-Matignon, qui était à l'époque le lieu de rencontre de tous les acteurs, auteurs et réalisateurs parisiens. À la fin du dîner, Sacha posa à Artur Rubinstein cette question :

– Maître, aimez-vous vous entendre jouer ?

– C'est au-delà de l'adoration, c'est une passion ! Ainsi, après un dîner chez nous, je mets toujours une pile de disques interprétés par moi sur mon appareil, et je passe la fin de la soirée à m'écouter en pensant presque à haute voix : "Artur, Artur, quel génie tu es." Le seul ennui est que lorsque enfin je me retourne vers mes invités, ils dorment tous à poings fermés !

On l'aura compris, les encouragements pleuvaient, mais les contrats restaient dans le domaine du rêve. Jean-Claude Brialy était de mes amis depuis longtemps. Il avait bien sûr vu la pièce, après m'avoir envoyé un télégramme très affectueux et très spirituel le jour de la première. Il me demanda, peu après la fin des représentations du *Cheval évanoui*, si je voulais bien jouer dans le premier film qu'il réalisait lui-même sans en être l'interprète. Il s'agissait d'*Églantine* ; un très joli sujet, tournant autour d'une grand-mère de rêve, que joua d'une manière enchanteresse Valentine Tessier. Elle était entourée dans ce film par sa nombreuse famille, enfants, petits-enfants, gendres et brus. Je retrouvai, dans une propriété des environs de Senlis, Odile Versois qui jouait ma femme, Roger Carel et Micheline Luccioni, quelques petits garçons et quelques petites filles, nos enfants dans le film, qui nous causèrent bien des soucis ! Malgré la mort, dans le film, de l'adorable grand-mère, j'ai gardé de ces prises de vues un souvenir plein de gaieté, d'intelligence et de goût. Jean-Claude est patient et subtil. Personne ne connaît mieux que lui les chatouilleux animaux que nous sommes, et il sut tirer de chacun de nous ce qu'il y avait de meilleur en lui.

J'aimerais citer un mot de lui que je n'oublierai jamais. Il était venu un soir dîner chez nous. Après le dîner j'allai lui montrer, à l'autre bout de l'appartement, mon tout petit garçon qui dormait. Il le regarda longuement puis, se retournant vers moi, me dit doucement et gravement : « C'est ton plus beau rôle. »

Après une nuit de tournage d'*Églantine*, nous avions, Madeleine et moi, raccompagné Valentine Tessier jusqu'à l'hôtel où elle habitait, place Saint-Augustin. Elle somnola pendant tout le trajet. Déjà très âgée, elle avait gardé une coquetterie et un attrait étonnants. À l'entrée dans Paris, elle rabattit le pare-soleil qui était au-dessus d'elle dans ma voiture et comportait un petit miroir. Elle entreprit, sans un mot, de se remaquiller. Il était quatre heures du matin ! Quand je lui demandai s'il était bien urgent de se donner tant de mal à une heure pareille, elle me répondit simplement :

– Et le portier de nuit, mon petit ! Vous y avez pensé ?

Ce charmant intermède cinématographique n'eut de suite que beaucoup plus tard.

À peine le film de Brialy fut-il terminé que Claude Sainval me redemanda, de la part de Jean Anouilh, d'être l'interprète de *Cher Antoine*. C'est une pièce admirable. Mon rôle l'était aussi. Le premier rôle féminin devait être tenu par Françoise Rosay. Il s'agissait de l'histoire d'un écrivain célèbre, au début du siècle, volontairement exilé en Allemagne car le reste du monde lui fait horreur. Il convoque dans sa retraite bavaroise tous ceux qui ont compté dans sa vie, ses femmes, ses maîtresses, ses enfants et ses amis. Avant qu'ils n'arrivent, il se suicide et s'adresse donc à ses invités par un discours posthume, retransmis par un phonographe à pavillon et consistant dans un texte de remerciements et de reproches, en tout cas de mise au point. Après l'entracte, dans la seconde partie de la pièce, Antoine réapparaît. Il est entouré de ceux qui ont été sa vie. Une pièce dans la pièce est jouée. Il y avait dans tout ceci un certain pirandellisme et des blagues qui m'enchantaient comme l'aveu de l'échec de l'adaptation de *La Petite Catherine de Heilbronn*, que Jean Anouilh avait subi trois ans avant.

Françoise Rosay – vedette féminine de *Cher Antoine* – détestait les femmes et était exquise avec les hommes. Elle le fut avec moi. Les répétitions furent légèrement houleuses, car Jean avait des idées fixes dont il ne démordait que rarement. Je lui offris plus d'une fois ma démission, qu'il eut la bonté de refuser. Cette pièce eut un très, très grand succès. Nous la jouâmes pendant deux saisons. Elle fut louée comme étant une des plus belles et des plus profondes comédies d'Anouilh. Elle fut suivie d'une interminable tournée au cours de laquelle étant seul au volant de ma voiture, j'arrêtai de fumer sans rendre complètement fou mon entourage, ce qui est généralement le prix de ce genre de décision, sans parler de l'état où elle met celui ou celle qui l'a prise.

Je raccompagnais souvent Françoise Rosay chez elle, rue de l'Université, après la représentation. Anouilh m'avait demandé de la laisser saluer la dernière et, chaque soir, la salle l'acclamait. Après un de ses triomphes, elle me dit une nuit, alors que nous traversions le pont de l'Alma :

– Dites-moi, mon petit Jacques, cela ne vous fait pas de peine que l'on m'applaudisse plus que vous ?

– Pas du tout, madame. Je trouve cela absolument normal. Votre notoriété, votre talent, votre interprétation…

– Ne dites pas de bêtises. Ils pensent tout simplement dans la salle : la pauvre vieille, c'est probablement la dernière fois qu'elle joue, alors on va lui faire une petite fête !

La vie rue Jouffroy avait pris le pas sur ma vie d'acteur depuis un bon moment déjà. Cyril avait trois ans passés, une personnalité qui s'affirmait de jour en jour, et sa « mademoiselle » avait, dans notre existence, une importance diabolique. Il n'était pas possible d'être plus dévouée, plus irréprochablement attentive et plus professionnellement parfaite qu'elle ne l'était vis-à-vis de Cyril. Sa victime et son bourreau étaient respectivement Madeleine et moi. De temps à autre, s'en étonnera-t-on, mes nerfs lâchaient et le ton montait sensiblement quand elle me demandait pourquoi j'avais sorti Cyril de son lit, pourquoi je lui donnais ceci ou cela à manger ou pourquoi j'avais ouvert ou fermé la fenêtre de sa chambre. Les réponses ne se faisaient que rarement attendre, on peut sur ce point me faire confiance, et le rideau se baissait sur ce vaudeville au moment où mademoiselle se précipitait dans les bras de Madeleine et lui disait, avec l'accent suisse, en me désignant : « Pauvre Matame ! »

Pendant les représentations à Paris de *Cher Antoine*, je participai à la télévision à une des rares émissions qui m'aient laissé un souvenir en raison de la qualité du sujet, de l'écriture, de la réalisation et du personnage. Il s'agissait d'un épisode de la vie de Benjamin Constant, raconté par Michel Mohrt, qui n'était pas encore à l'Académie française mais fourbissait déjà son épée. Le réalisateur était Marcel Cravenne. Ma chère Martine Sarcey y jouait le rôle de madame Récamier. Nos amours y étaient malheureuses mais nos rapports affectueux inchangés. L'émission s'appelait *Un jeu d'enfer*. Nous l'avons revue l'autre jour, Madeleine et moi. Contrairement à l'interprète du rôle de Benjamin Constant, elle n'a pas pris une ride !

19

Moravia, Laurence Olivier et quelques autres…

Je connaissais très peu Pierre Franck lorsqu'il me fit parvenir une pièce d'Alberto Moravia qu'il devait mettre en scène au théâtre des Célestins à Lyon, puis, quelques semaines plus tard, au théâtre Michel à Paris. Il s'agissait d'un drame, peut-être même d'une tragédie assez inspirée d'*Œdipe.* La pièce était intitulée *Le Dieu Kurt.* L'adaptation était, à ma stupéfaction, signée Albert Husson dont j'étais habitué à voir le nom sur les affiches de comédies parfaitement « boulevardières » comme son prodigieux succès *La Cuisine des Anges.* Nous nous rendîmes assez vite compte que l'esprit de Sophocle et de ses disciples italiens, du genre Moravia, était assez éloigné du sien. De ce mot à mot un peu scolaire et intimidé, nous pensâmes, Pierre Franck (lui-même avec une merveilleuse modestie) et moi-même, que l'on pouvait obtenir une pièce insolite, vouée au triomphe ou à l'échec complet, inoubliable ou insupportable.

Il s'agissait de faire vivre et mourir le commandant d'un camp de concentration allemand qui, pour couronner ses crimes, obligeait un jeune déporté à devenir l'amant de sa propre mère. Claude

Génia et Pierre Mikael furent invités à jouer mes victimes. Nous nous entendions tous à merveille, ce qui simplifia infiniment le travail. La pièce fut très chaleureusement accueillie à Lyon.

Il y a dans toute carrière des luxes qu'il faut parfois s'offrir. Le rôle de Kurt en fait partie. Il est d'une ambiguïté, d'une sauvagerie, d'un fatalisme que l'on rencontre très rarement. Peu m'importait vraiment le succès ou l'échec de l'entreprise. J'aimais passionnément cette pièce, j'aimais passionnément ce rôle.

Curieusement, parmi les pièces qui m'ont laissé un très fort souvenir, trois ont été des échecs auprès du public et des critiques. Il s'agit de *L'Ennemi* de Julien Green, *Caterina* de Félicien Marceau et celle dont je parle en ce moment. *Le Dieu Kurt*, transporté au théâtre Michel, fut un échec retentissant. Le décor représentait la salle d'interrogatoire d'un camp de concentration. Il était orné de plusieurs drapeaux nazis, le rideau s'ouvrait au son du célèbre hymne allemand « J'avais un camarade », et j'entrais en scène salué par les officiers le bras tendu. La moitié de la salle se leva et partit dès le lever de rideau. Je revivais encore une fois les beaux jours de la pièce de Robert Brasillach, à ceci près que *Le Dieu Kurt* avait été écrit par un résistant communiste italien ! Pierre Franck et Josette Harmina, qui dirigeait le théâtre, firent tout ce qu'ils purent pour rameuter les spectateurs. Pierre Marcabru, qui était à peu près le seul critique à avoir apprécié l'œuvre, fit sur scène une conférence sur la pièce et ses mérites, organisa un débat à l'occasion duquel Alberto Moravia vint à Paris. Rien n'y fit. Au bout de trente jours le rideau se baissa sur cette pièce et je me relevai, moi, assez amèrement de ce désastre.

Un entracte un peu long fut meublé par quelques émissions de télévision dont une avec Micheline Presle, ce qui me ravit car je la connaissais depuis fort longtemps, mais n'avais jamais été son partenaire. Je ne pouvais oublier *Le Diable au corps* avec Gérard Philipe ni *Boule de suif*.

Ma vie théâtrale ne se limitait pas aux rôles qu'on voulait bien me demander de jouer. Je n'ai jamais été un très bon spectateur mais je l'ai été souvent, et quelquefois avec un enthousiasme et un respect immenses.

Un dimanche après-midi où je jouais *Le Dieu Kurt*, on m'apprit que Pierre Fresnay était dans la salle. Je crois avoir fait comprendre au début de ce récit qu'il était en grande partie responsable du choix que j'avais fait de cette profession, après qu'il m'eut émerveillé dans plusieurs pièces et d'innombrables films depuis que j'étais autorisé à aller au théâtre et au cinéma. On ne s'étonnera donc pas si je dis qu'un trac violent s'empara de moi. Nous n'avions, Pierre Fresnay et moi, que des rapports fort espacés depuis mes débuts, ou presque, à ses côtés. Mais ma vénération pour lui n'avait jamais diminué. Il vint, contrairement à ce qui se fait d'habitude me voir pendant l'entracte. Il me déclara détester la pièce et ajouta que le rôle ne me convenait absolument pas. J'étais partagé entre l'effondrement et le regret de constater, avec une mauvaise foi absolue, ce que j'estimais être chez lui un gâtisme précoce dont il était du reste fort éloigné, lorsqu'il me dit :

– Vous me pardonnerez d'être venu vous voir à l'entracte, mais je dois rentrer chez moi aussitôt la représentation terminée car je partage la vie d'une dame qui m'interdit le rôle de spectateur.

Ses critiques ne me firent pas changer d'avis sur l'œuvre de Moravia, mais me rappelèrent en une seconde l'importance qu'il y a à aller le plus souvent possible voir ce qui se passe « ailleurs ». La leçon qu'il me donna involontairement fut cependant excellente. De ce jour, ma paresse à aller voir les autres diminua beaucoup. J'ai eu dans cette activité des éblouissements aussi intenses que certaines de mes déceptions. Je n'aime rien au monde autant qu'admirer. Je n'oublierai jamais, je viens de le dire, certaines soirées qui m'ont redonné tous les espoirs et toutes les confiances quand il m'arrivait de douter de tout. Rien autant que la perfection d'un spectacle, d'une mise en scène, ou l'interprétation parfaite d'une pièce ou d'un film, ne peut me convaincre que j'exerce une profession digne, utile, quelquefois fascinante.

Mon éclectisme dans un grand nombre de domaines artistiques est grand. J'ai une passion pour le cirque, l'opéra italien, pour les ballets modernes ou classiques, pour la musique de Haydn et celle de Georges Benson, et ce n'est pas ici le lieu de parler de mes goûts en peinture, en architecture ou de ma passion pour le paysagisme.

Mon goût pour le théâtre ou *les* théâtres, est également très varié. Quelques représentations, auxquelles j'ai eu le privilège d'assister, m'ont redonné foi en ce que j'avais choisi de faire. J'ai beaucoup parlé de Pierre Fresnay. Mais dans mon admiration il est le très proche voisin de celui que je considère comme le plus grand de nous tous : Laurence Olivier. Des représentations ou des interprétations que je citerai à dessein dans le désordre sont inscrites en lettres d'or dans ma mémoire.

Avec *Léocadia, Le Neveu de Rameau* ou *L'Idée fixe,* Pierre Fresnay a atteint des sommets où personne en France ne l'a rejoint. D'autres performances m'ont inondé de bonheur et de confiance : le charme étrange de Delphine Seyrig dans *Sarah ou la langouste,* la présence de Jacques Dufilho, martien enchanteur, toujours à la limite de la folie, dans *Le Gardien* ou *Je ne suis pas Rappaport.* Michel Aumont et Robert Hirsch dans tant de personnages du répertoire de la Comédie-Française, Maria Casarès dans Marivaux ou Pirandello, Michel Duchaussoy dans pratiquement chacune de ses prestations et Michel Serrault dans toutes. Que l'on me pardonne si je ne parle pas de tous ceux qui ont remis ma pendule à l'heure quand il le fallait, comme Suzanne Flon et Philippe Noiret, et que l'on me sache gré de ne pas nommer celles et ceux qui en ont déplacé les aiguilles au point de me faire me demander si l'exercice d'un autre métier, ou la retraite anticipée, ne serait pas une démonstration de sagesse et d'équilibre. Mon dégoût des valeurs usurpées, des célébrités de pacotille, des poupées gonflables qui, après deux ou trois apparitions catastrophiques, retournent aux cocktails qui les nourrissent me laisse abattu pour bien des jours.

J'ai gardé, pour en finir avec mon rôle de spectateur, celui qui a consisté pendant trente ans à idolâtrer Laurence Olivier. Je crois bien avoir vu tous ses films, je l'ai naturellement beaucoup moins vu au théâtre, mais des représentations géniales de *César et Cléopâtre* de Bernard Shaw ou *Antoine et Cléopâtre* de Shakespeare, celles de *Titus Andronicus* ou de *Oncle Vania* au festival de Chichester, ont eu raison pendant un temps de toutes mes angoisses et ont répondu à toutes les questions que je pouvais me poser.

Larry, comme il aimait qu'on l'appelât, est mort il y a quatre ans seulement. J'ai eu le merveilleux privilège de le bien connaître. J'ai vu lord Olivier à peu près à chacun de ses rares voyages à Paris. C'était un homme d'une séduction absolue, d'une distinction sans reproche et d'une grossièreté sans rivale accompagnée le plus souvent d'une prodigieuse drôlerie et d'un sens de la repartie que j'ai rarement rencontré. Il pouvait très exactement tout se permettre. Il en profitait abondamment, mais n'en abusait jamais. Il me fit la grâce de me traiter en ami pendant les dernières années de sa vie. Il connaissait mon immense respect pour son talent et, avec une élégance inégalée, il s'acharnait à endiguer les manifestations de mon admiration, en détruisant à plaisir et avec un esprit souverain l'image que chacun se faisait de lui.

Il possédait au plus haut point la qualité que je considère une des plus précieuses au monde : l'humour sur soi. Il fallait l'entendre dire par exemple :

– Quand on lit tous les matins dans le journal qu'on est le plus grand acteur du monde, on finit par le croire jusqu'au jour où on se présente le premier pour mettre à l'aise un apprenti comédien et qu'il vous demande de bien vouloir lui répéter votre nom qu'il n'avait jamais entendu prononcer jusqu'alors.

Je possède des lettres de lui, plus spirituelles ou touchantes les unes que les autres. Celle à laquelle je tiens le plus me parle du mariage auquel il rêve entre mon fils Cyril et sa fille Tamsin, qui étaient alors âgés l'un et l'autre d'une dizaine d'années. Il y fait une allusion habile et spirituelle à l'histoire des rapports entre l'Angleterre et la France, dont il déclare que, sans lui et moi, elle n'aurait guère d'intérêt ! Il s'agit du mariage de la princesse Henriette d'Angleterre et de Monsieur, duc d'Orléans, frère de Louis XIV.

Je n'ai pas encore parlé de mon ami Philippe Noiret. J'avais fait sa connaissance quand j'avais repris *Le Château en Suède* au théâtre de l'Atelier. Nous avions tout de suite beaucoup sympathisé et, ayant deviné la solitude qui était la mienne à cette époque, sa femme Monique Chaumette et lui m'avaient pour ainsi dire « adopté ». C'est avec moi qu'il a fait des débuts assez peu brillants dans l'équitation, mais elle lui est devenue un violon d'Ingres dont il est un virtuose incontesté. Il m'importe de dire ici que si Philippe avait été médecin, contrôleur des wagons-lits, marchand de légumes dans l'Aude ou directeur d'une entreprise de textile, il eût été un ami du même prix. Ma confiance en lui serait celle qu'elle est et ma participation à ses bonheurs, à ses malheurs et à ceux de Monique, aurait la même intensité.

J'ai écrit qu'un de mes plus grands bonheurs était d'admirer, je viens de le prouver depuis quelques pages. Mais mes dégoûts, mes mépris et mes mouvements de révolte à l'égard de certains êtres et de certaines attitudes ont, mes amis le savent aussi bien que mes rares ennemis, la même vigueur. Beaucoup de ceux qui me sont chers n'ont rien à faire avec le théâtre. Certains l'aiment, d'autres s'en moquent et quelques-uns, en ignorant tout, voient en moi un bourgeois déguisé par paresse en saltimbanque mais qui, bizarrement, sait à peu près lire et écrire.

Tant de chaleur, tant d'intelligence dans le cœur de ceux que nous avions choisis et qui nous avaient acceptés, ou inversement, devaient nous aider, Madeleine et moi, à supporter plusieurs redoutables épreuves dont le théâtre, le cinéma ou la télévision n'ont pas pu nous distraire pendant de très longs mois.

20

Sans titre

Ma mère allait avoir soixante-quinze ans le 12 juillet. Depuis plusieurs années, nos rapports s'étaient sensiblement détériorés. Son ton péremptoire, sa fausse sûreté de soi, sa conviction de tout savoir et de tout connaître et par-dessus tout ses tentatives régulièrement vouées à l'échec de nous mettre, Madeleine et moi, sous tutelle, m'avaient fait établir quelques distances entre elle et moi. Madeleine, comme toujours, arrondissait les angles et souriait de ces enfantillages. Ma mère était au mieux de sa forme à quelques jours de son anniversaire, qu'en dépit de certaines frictions oubliées pour la circonstance, nous nous apprêtions à fêter avec elle dans l'endroit de son choix. Nous lui avions proposé d'aller la chercher chez elle, rue de Seine, pour l'emmener déjeuner. En arrivant dans son immeuble, nous fûmes surpris par une odeur étrange qui s'accentuait d'étage en étage. J'avais les clés de son appartement. Elle vivait seule et craignait d'être un jour dans l'impossibilité de m'ouvrir pour une raison quelconque, d'où ce prêt dont je ne m'étais jamais servi. Ce jour-là, la sonnette de la porte d'entrée ne fonctionnait pas. Nous entrâmes pour être saisis par une intolérable odeur de gaz.

Ma mère était allongée sur son lit. Elle n'avait jamais été plus belle. Elle portait une robe d'intérieur éblouissante, elle semblait sortir de chez le coiffeur et était parfaitement maquillée, mais, sur son visage, était posé un masque qui était relié par des tuyaux au robinet de gaz de la cuisine à l'autre bout de l'appartement. Elle était morte. D'innombrables messages s'étalaient sur une table, destinés à tous ceux à qui elle avait toujours déclaré tenir. L'un d'eux m'était adressé, tentant de m'expliquer son geste prémédité, écrivait-elle, depuis longtemps. Il s'agissait de quitter ce monde avec le plus de dignité possible, avant que le très grand âge, la maladie ou la décrépitude ne s'emparent d'elle.

Il me faut bien revenir à une expression de théâtre pour évoquer ce drame. Elle ne voulait pas rater sa sortie. Des fleurs en quantité l'entouraient et il était évident qu'elle s'attendait à ce que tous ceux qu'elle connaissait vinssent la saluer une dernière fois, éblouis par l'audace de son geste. Il n'en fut rien. La police fit ce qu'elle avait à faire et cette femme fêtée, enviée, souvent adorée et qui avait un peu régné sur une partie de Paris descendit une dernière fois les trois étages de sa maison dans un sac gris destiné aux victimes de la circulation. Je ne la revis jamais.

Ce à quoi elle n'avait pas suffisamment réfléchi était la réaction d'un fils devant un geste aussi gratuit, aussi égoïste, aussi révoltant de la part de sa mère. J'étais admirablement entouré par Madeleine, sa famille et nos amis. Mais ma déception, quoique dépourvue de beaucoup de surprise, fut immense. Voilà qu'après avoir renoncé à moi lorsque j'avais six ans, elle m'abandonnait de nouveau au milieu de ma vie, sans se soucier du besoin que je pourrais peut-être avoir un jour de son soutien ou de sa tendresse. Je ne suis pas encore parvenu à ce jour à excuser son égoïsme. J'allais l'être moins encore, lorsque, l'année suivante, nous aurions pu avoir, Cyril et moi, un tragique besoin de sa présence.

21

Sans titre (suite)

De nouveau au théâtre Michel, je jouais une pièce de Noël Coward dans une adaptation d'Albert Husson. Elle était beaucoup plus dans ses cordes que celle de Moravia. Mais peut-être était-elle trop typiquement anglaise pour plaire au public parisien. Elle n'eut aucun succès. Elle s'appelait *Le Nu au tambour*, nom d'une toile célèbre d'un collectionneur dont le légataire universel est son maître d'hôtel. Elle avait reçu un accueil très chaleureux à Piccadilly, avec John Gielgud dans le rôle que je me vis confier à Paris. Les succès américains ou anglais obtiennent rarement le même accueil en France et réciproquement. J'ai vu, quand je vivais à New York, la pièce de Marcel Achard *Voulez-vous jouer avec moi* être représentée deux fois et demie ! La demie étant la soirée à laquelle j'assistais. Nous étions huit dans la salle et, à l'entracte, on vint nous annoncer que, devant cette absence de spectateurs, la troupe avait décidé d'interrompre la représentation et d'en finir avec la pièce une fois pour toutes. Pour en revenir à la pièce de Coward, nous la jouâmes devant un public à peu près aussi clairsemé et plus glacé encore que celui que je viens d'évoquer. Il y avait dans la distribution une femme pittoresque : Ginette Garcin, gavroche irrésistible et amie intime de Jean Yanne. Avant une des ultimes représentations et à mon profond désespoir, elle m'apprit que Michel Audiard et Jean Yanne étaient dans la salle, invités par elle. J'étais mort de honte d'avoir à subir cet échec manifeste devant deux hommes que j'admirais beaucoup. Il n'y eut, comme d'habitude, pas un sourire pour saluer la finesse de l'humour anglais, l'imbroglio de l'intrigue ou mon interprétation qui, à la réflexion, ne valait peut-être pas le trajet, jusqu'à la rue des Mathurins. Jean Yanne et Audiard vinrent nous voir, Ginette Garcin et moi, après la représentation. Ils ne nous dirent pas un mot du spectacle, mais nous invitèrent à souper ainsi que Madeleine qui se trouvait dans ma loge pour tenter de mettre un frein à mes lamentations.

Il est très difficile de trouver deux hommes aussi opposés l'un à l'autre dans leur aspect et dans leur comportement que Jean Yanne et moi. Nous avons eu des trajectoires très différentes l'une de l'autre. Il a une approche de la vie et du métier d'acteur qui est le contraire de la mienne. Comme nous tous, il a mis au point un numéro qui est aux antipodes du mien. Sans aucun doute est-ce pourquoi il me fascinait dans les films où j'avais pu le voir, par les déclarations ahurissantes qu'il faisait et par ses jugements tendres ou sévères sur les uns ou les autres. Il ne m'adressa à peu près pas un mot jusqu'au dessert. Nous nous apprêtions à quitter Lipp, quand il me tendit un scénario en me priant de le lire dans la nuit et de lui dire le lendemain mon opinion sur le rôle qu'il « adorerait » me voir jouer à ses côtés dans sa première réalisation cinématographique. J'étais ahuri et ravi, car cette proposition accompagnait enfin une allusion aussi chaleureuse que brève à mon interprétation dans la pièce. Je lus dans la nuit *Tout le monde il est beau, tout le monde il est gentil* et, le lendemain à l'aube, je lui téléphonai mon enthousiasme. De là naquit une collaboration qui devait s'étendre sur quatre des cinq ou six films que Jean a réalisés.

Notre entente a toujours été et est toujours idéale, indépendamment du plus ou moins grand succès de ses œuvres. La première obtint un triomphe, j'étais très fier d'y être associé et enchanté par cette nouvelle amitié, qui eut raison de nos armures respectives. Elle commença à cette occasion et dure, malgré de longs silences et des rencontres assez rares, quand nous ne sommes pas en train de « faire l'acteur » ensemble, selon une de ses expressions favorites. Son sens de la dérision ne m'a pas impressionné très longtemps. En revanche, sa délicatesse et sa sensibilité m'ont souvent touché, malgré la rudesse derrière laquelle il prend un soin un peu excessif de les cacher.

Après *Moi y'en a vouloir des sous*, le second succès de Jean Yanne, et quelques représentations de *Occupe-toi d'Amélie* de Georges Feydeau, au théâtre des Célestins à Lyon, Marie Bell me demanda de reprendre le rôle de Jean Poiret dans *Le Canard à l'orange* de William Douglas Home, au Gymnase. Il y a très peu de temps que les acteurs français ont admis qu'il n'est ni humiliant ni douloureux de prendre la suite du créateur d'un rôle lorsqu'il doit l'abandonner. On a vu dans tous les autres pays des comédiens de premier plan remplacer d'autres acteurs du même ordre, que ce soit à New York, à Londres ou à Berlin. Pendant très longtemps, c'était en rasant les murs et toute honte bue que l'on acceptait de succéder à un collègue, principalement si celui-ci avait eu un vif succès personnel dans sa création.

J'ai toujours été de l'avis opposé. Si l'on dispose d'un temps suffisant pour répéter, je n'ai jamais ressenti la moindre humiliation à reprendre un rôle quand celui-ci me convenait, même si je n'avais pas eu l'occasion de le créer par manque de notoriété, de liberté ou d'entente avec l'auteur de la pièce ou le directeur du théâtre. Cette occasion ne s'est présentée que trois fois dans ma carrière.

La première fois, il s'agissait du rôle de Higgins dans *Pygmalion* que Jean Marais avait créé et mis en scène aux Bouffes-Parisiens. Le rôle me convenait beaucoup mieux qu'à lui, mais, jointe à son grand talent, sa célébrité était telle qu'il avait attiré un public extrêmement nombreux. Pour mon bonheur, la caissière ne remarqua pas de fléchissement dans les recettes quotidiennes quand je repris le rôle. La presse fut extraordinairement aimable. Seul Jean Marais ne partagea pas, me sembla-t-il, l'enthousiasme général, attitude peu digne de son élégance habituelle. Ce fut la seule déception très légère qu'il me causa au cours de plusieurs décennies d'excellents rapports et d'estime réciproque.

La seconde fois, il s'agissait de remplacer Claude Rich dans *Le Château en Suède*. Cette première rencontre avec Françoise Sagan fut sur tous les plans extrêmement heureuse. Je retrouvais le théâtre d'André Barsacq et une troupe très amicale.

La troisième occasion devait être la reprise du *Canard à l'orange*. Je n'ai pas besoin de « reprendre » un rôle pour que me saisisse le trac à chaque représentation à laquelle j'ai participé depuis ma sortie du Conservatoire. Remplacer quelqu'un qui a été ovationné par le public, la profession et la presse, ne facilite pas les choses. Les répétitions se déroulèrent le mieux du monde jusqu'à « ma » première. La seule personne dont j'avais admis la présence dans la salle, ce terrifiant soir, était Madeleine ! La représentation se termina dans le bonheur et devant une salle bondée. Une voisine de Madeleine, à l'orchestre, ne fit que ce commentaire :

– Je ne sais pas comment était M. Poiret, mais ce M. Serrault est charmant !

Vanitas vanitatum !

Un dimanche après la matinée, nous partîmes en voiture, Madeleine et moi, vers neuf heures du soir pour Deauville. C'était la veille de l'anniversaire de Cyril qui prenait là-bas de petites vacances avec « mademoiselle ». Nous avions décidé d'y rejoindre Philippe Noiret et Monique qui s'y reposaient aussi et de fêter le lendemain tous ensemble les six ans de notre grand garçon.

Après la traversée d'un village appelé Bourg-Achard, la nuit étant tombée, je roulais assez vite sur une autoroute toute droite et par un clair de lune superbe. Nous étions dans la joie à la perspective de la fête qui attendait Cyril, nos amis et nous-mêmes. J'aperçus à des centaines de mètres, s'approchant dans la nuit, et en sens inverse, c'est-à-dire filant vers Rouen ou Paris, sur la chaussée opposée de l'autoroute, une voiture qui, elle aussi, roulait très vite. Rien n'était plus banal lorsqu'à cinquante mètres de nous, elle traversa en un éclair la plate-bande médiane sans rail de protection qui séparait les deux voies. À cent trente kilomètres à l'heure, elle se jeta sur nous, qui roulions à la même vitesse. Le choc fut effroyable, les freins ne servirent à rien et, en quelques secondes il n'y eut plus, dans le champ qui s'étendait de notre côté, que deux amas de ferrailles fumantes. J'étais ahuri de n'être pas mort et même de ne souffrir de rien. Cette réflexion me prit la moitié d'une seconde et je me tournai vers Madeleine. L'horreur m'attendait. Il ne restait de la femme que j'aimais qu'un corps disloqué et un visage défiguré baignant dans un flot de sang. Elle vivait. De cette bouche ensanglantée, les instructions me parvenaient, d'une clarté et d'une précision terrifiantes. Elle me disait comment tenter de la sortir de la voiture avant qu'elle ne prenne feu, quel était l'endroit qui lui faisait le moins mal pour pouvoir la prendre dans mes bras pour la poser aussi loin que possible du danger d'incendie et quel membre ou quelle partie de son corps il ne fallait surtout pas toucher. Elle ne voyait rien, mais entendait et maîtrisait tout. Je réussis à l'extraire des débris de notre voiture et à l'allonger sur l'herbe. Il devait être onze heures du soir. L'autre conducteur n'avait pas un ongle de cassé. Je dus menacer de le tuer s'il n'arrêtait pas le déferlement de musique rock sortant du poste de radio de sa voiture dont tout le reste était en bouillie. Il avait dix-huit ans et s'était endormi au volant ! La circulation sur l'autoroute était à cette heure très réduite. Lorsque j'entendais approcher une voiture, je faisais des gestes désespérés avec la chemise que j'avais quittée pour tenter d'étancher le sang qui inondait le visage de Madeleine. Une vingtaine de conducteurs passèrent devant nous, ralentirent et, devant ce qu'ils apercevaient dans la nuit, repartirent sans s'arrêter. Entre-temps Madeleine qui, me disait-elle, allait mourir d'un instant à l'autre, me laissait des instructions concernant Cyril, notre appartement, sa mère et ce qu'elle espérait que serait ma vie après sa disparition. La nuit n'en finissait pas lorsque, vers une heure trente du matin, une voiture s'arrêta enfin. Son chauffeur voulut bien prévenir les gendarmes et, trente minutes plus tard, une ambulance et une voiture de police arrivèrent. Madeleine fut d'abord pansée à Bourg-Achard, puis conduite à toute vitesse à l'hôpital de Rouen. Elle n'avait pratiquement plus une goutte de sang dans les veines, mais une lucidité tragiquement intacte. Je passai la nuit à attendre le résultat de la première intervention chirurgicale. Un interne de service vint me prévenir au bout d'environ deux heures qu'un de ses yeux était perdu, que l'on ne pouvait pas se prononcer sur l'état de l'autre, qu'elle avait été scalpée et que son état osseux nécessiterait probablement une très longue rééducation si elle survivait à l'accident. On la transporta endormie dans une chambre et je me portai, moi, dans un hôtel de passe, à cent mètres de l'hôpital. J'y attendis l'heure que l'on m'avait indiquée pour revenir, ignorant si je la trouverais vivante ou morte. Sur le chemin de l'hôpital, se trouvait une église dans laquelle j'entrai et où j'insultai le Christ à haute voix. Je racontai bien plus tard ce geste à l'aumônier des acteurs venu déjeuner chez nous et il me dit que je ne pouvais pas donner un plus évident témoignage de foi. Sans doute disait-il vrai.

Je pus approcher Madeleine au début de la matinée. Elle était sauvée, mais ce qui restait d'elle était affolant. Je ne quittai pas son chevet de toute la journée du lundi, sauf pour aller chercher, à la gare de Rouen, ma belle-mère revenue en hâte du Midi et pour m'effondrer dans les bras des chers Noiret, accourus immédiatement auprès de nous.

Le lendemain, il fallait retourner à Paris jouer *Le Canard à l'orange.* Tous les jours ou presque, pendant plus d'un mois, je venais passer l'après-midi à Rouen et me retrouvais le soir au Gymnase, jusqu'au jour où une ambulance ramena Madeleine à la maison. J'ai cent souvenirs de ce cauchemar. Trois d'entre eux me poursuivront toujours.

Le premier est à la gloire de Madeleine, le second à celle de mon métier et peut-être un peu la mienne, et le troisième est la réaction horrifiée de Cyril lorsqu'il revit pour la première fois sa mère à son retour à Paris. Elle était encore très impressionnante. Il poussa un hurlement et s'enfuit dans sa chambre. Le premier de ces souvenirs est la prière que me fit Madeleine l'après-midi où on lui apprit qu'elle avait définitivement perdu un œil et qu'on ne pouvait pas se prononcer sur l'avenir de l'autre.

Elle sentit des larmes sur sa main que je tenais pendant que le chirurgien lui parlait. Quand il fut parti, elle me demanda le plus doucement du monde de cesser de pleurer et d'aller en ville lui chercher des documents sur la méthode Braille de manière à ne pas perdre de temps pendant son séjour à l'hôpital au cas où elle resterait aveugle. Cela se passe, je pense, de commentaires.

Le second souvenir est celui d'un déjeuner au wagon-restaurant entre Paris et Rouen où, assis à une table de quatre, j'avais remarqué qu'un des trois autres voyageurs avait parfaitement repéré qui j'étais. Quand les deux autres furent partis, il me demanda si je l'autorisais à me poser une question très indiscrète. Sur ma réponse affirmative, il me dit très exactement ceci :

– Monsieur, je vous ai vu hier soir dans *Le Canard à l'orange.* Depuis des années, personne ne m'a autant fait rire que vous dans cette pièce. Personne non plus, depuis bien longtemps, ne m'a paru plus triste et plus soucieux que vous pendant ce déjeuner. Pouvez-vous me donner la raison de ce phénomène ?

Je la lui donnai et je me rendis compte, grâce à lui, que pendant un peu plus de deux heures chaque jour, je revivais normalement grâce à l'exercice de ma profession de baladin.

Pendant presque une année, après avoir été ramenée à Paris, Madeleine dut se réhabituer à la vie, rééduquer son corps et s'adapter à la monovision puisque, par miracle, son œil gauche était sauvé. Sans aucune intervention de chirurgie esthétique, son visage redevint ce qu'il était avant cette nuit d'horreur qui eut deux résultats. Le premier fut navrant : elle décida d'abandonner le théâtre. Le second fut de nous faire mesurer la chaleur de l'affection de nos amis les plus proches ou les plus éloignés, de personnes que nous connaissions parfaitement bien, ou d'autres que nous n'avions jamais rencontrées. Toutes et tous lui manifestaient leur sympathie, leur admiration et l'assuraient des vœux qu'ils formulaient pour elle.

Jamais ou presque, cette nuit du 12 avril n'est évoquée entre elle, nos amis et moi. N'en parlons plus ici non plus.

22

Pleins feux

Une longue tournée emmenait la pièce de William Douglas *Home en France,* autour de la France, au Liban et enfin à Nouméa. Madeleine m'avait accompagné. En revenant, nous nous arrêtâmes à Bangkok et à Hong-Kong pendant que le reste de la troupe rentrait directement à Paris. Ce furent deux étapes passionnantes. Madeleine revivait, riait et rayonnait de nouveau. Cyril, gardé par sa chère *nany,* ne souffrait pas de notre absence. Nous pâtissions nous évidemment de la sienne, mais tâchions de profiter de cette dernière année où nous pourrions nous éloigner de Paris tous les deux en même temps, avant qu'il ne soit devenu un jeune homme pouvant non pas subvenir, mais parer à ses besoins. Nous quittâmes le marché flottant et le Bouddha d'émeraude pour retrouver une nouvelle fois Jean Anouilh.

Il m'avait demandé de créer sa nouvelle pièce *L'Arrestation* dont il assurerait lui-même la mise en scène au théâtre de l'Athénée. Je devais entre-temps tourner à Rome un film sans aucun intérêt. Un ulcère perforé de l'estomac qu'il fallut opérer d'urgence faillit me coûter la création de la pièce, mais Jean Anouilh eut la gentillesse de faire reculer la première représentation d'un mois environ. En mon absence, il répétait mon rôle, ce qui le mettait en joie. En fin de journée, il venait me voir à l'hôpital avec Claude Dauphin, son autre interprète, afin de mettre au point les nombreuses scènes que nous avions à jouer ensemble.

Anouilh avait presque toujours réussi les mises en scène de ses pièces. Pour celle-ci, l'inspiration lui fit défaut. Cette œuvre extraordinairement pirandellienne subit un échec lamentable. Il en souffrit cruellement à tous points de vue. Il m'avoua au cours d'un rapide déjeuner place Edouard-VII qu'il avait vingt-deux personnes à charge et qu'un four serait désastreux. En relisant *L'Arrestation* on se trouve devant un chef-d'œuvre alors qu'à la représentation tout se diluait. Cette pièce sera reprise un jour avec succès.

Le Cheval évanoui de Françoise Sagan fut enregistré pour la télévision avec de grands moyens. Ce fut une joie de retrouver ce texte, ce climat et ce rôle incomparables. Je fis nombre d'apparitions au cinéma, notamment dans *Le Jouet* où j'eus le bonheur d'être le partenaire de Pierre Richard. Je tournai un film d'Édouard Molinaro avec Annie Girardot et un autre sous la direction d'Antonio Bardem à Madrid. Là, personne ne m'adressa la parole pendant cinq semaines. Je n'en ai toujours pas compris la raison. Je redevins le partenaire de Louis de Funès dans plusieurs des innombrables *Gendarmes* qu'il a tournés à Saint-Tropez. Je garde de lui un souvenir ému. Sa gaieté ou ses colères étaient enivrantes. Jean Yanne refit appel à moi mais la réussite de son entreprise fut cette fois moins grande que précédemment. J'ai d'ailleurs failli y laisser ma vie et celle de ma secrétaire, jouée par Micheline Presle, dans une équipée sur Harley Davidson que ni elle ni moi ne sommes près d'oublier.

J'acceptai alors la proposition d'André Bernheim de jouer *Tovaritch* avec Françoise Fabian au théâtre de la Madeleine. Une de mes joies, à propos de cette pièce, fut que les spectateurs russes qui venaient me féliciter dans ma loge, après la représentation, s'adressaient à moi en russe sans l'ombre d'une hésitation, persuadés que j'étais leur compatriote, jusqu'à ce que je parvinsse à les en dissuader. J'avais frénétiquement travaillé mon accent.

Il est de tradition, dans la famille de M. Giscard d'Estaing, de fêter l'anniversaire de sa naissance au théâtre. L'événement ayant lieu le 1er février, André Bernheim, directeur du théâtre, nous apprit un soir que le lendemain, le « roi » serait dans la salle avec sa famille. Je le cite textuellement ! À la fin de la représentation, le président de la République, sa femme et un ou deux de leurs enfants vinrent nous remercier et boire avec nous un verre de champagne. Je ne lui avais jamais encore été présenté et il fit ce soir-là ma conquête. M. Giscard d'Estaing s'enquit de mon signe zodiacal. Il fut quelque peu surpris que je trinque avec lui avec un verre d'eau, ayant abandonné l'alcool depuis des années, c'est-à-dire depuis le « oui » de Madeleine et la naissance de Cyril. Il me pria tout de même de lui dire le jour exact de ma naissance. Le 2 ou 3 mai suivant, un motocycliste de la brigade de la gendarmerie du palais de l'Élysée vint déposer chez nous une invitation à dîner au palais présidentiel le 16 mai, date de mon anniversaire. J'en fus très touché et ravi de pouvoir accepter, car nous avions été prévenus que les représentations de *Tovaritch* prendraient fin le 15 du mois. À notre arrivée à l'Élysée, le président de la République nous reçut avec son large sourire des bons jours et prononça cette phrase « ininventable » :

– Comme c'est gentil à vous de ne pas jouer *Tovaritch* ce soir pour pouvoir dîner avec nous !

Louis XIV aurait-il fait la même réflexion à Molière en le recevant à souper à Versailles ? Je pense que nous avons assez d'esprit, M. Giscard d'Estaing et moi-même, pour ne nous prendre ni pour l'un ni pour l'autre, mais je n'en suis pas encore tout à fait revenu !

La télévision produit parfois des émissions de tout premier ordre. Ainsi en fut-il avec un scénario inédit de Jean Anouilh : *La Belle Vie*. Ce fut un bonheur et un honneur de faire partie de cette réalisation. Lazare Iglesis en fut le talentueux et spirituel maître d'œuvre. Hélène Perdrière et Jean Le Poulain étaient mes partenaires dans cette histoire machiavélique : celle d'une famille noble allemande qui, au moment de la Révolution de 1919, est condamnée par le tribunal populaire à continuer à jouer son rôle parasitaire, inutile et ridiculement mondain, devant la population de la petite ville que domine son château.

Je mis en scène moi-même, pour la télévision encore, *L'Amant complaisant* de Graham Greene, que j'avais joué autrefois, mais, les années ayant passé, je changeai de rôle. Je me distribuai celui du mari, avec pour épouse Marie Dubois.

Au début de la saison 1980, se situe l'un des grands honneurs de ma vie d'acteur : la création de *L'Habilleur* de Ronald Harewood.

Stephan Meldegg avait fait partie de notre tournée autour du monde avec *Le Misanthrope*, moitié dans la régie, moitié dans l'administration ou l'organisation de nos tribulations. C'est un homme d'une grande culture, d'une grande finesse et qui devait s'affirmer par la suite comme un metteur en scène de tout premier plan. Nous ne nous étions pas revus depuis des années et il me demanda de lire son adaptation de cette pièce. Il m'offrait le rôle de l'habilleur, l'autre rôle principal étant destiné à Jean-Pierre Marielle.

À partir du moment où une pièce ou un scénario ne me tombe pas des mains à la page 6 ou 7, je le lis d'un trait et mon opinion est presque toujours instantanément faite. C'est ce qui se passa pour *L'Habilleur*. Je fus totalement conquis par la pièce et très étonné que Stephan Meldegg me demandât de la jouer. Au point qu'un court instant, je crus à une plaisanterie ! Jamais on ne m'avait proposé un personnage semblable. C'était une épave, rongée par l'alcool, la haine et en même temps un amour immodéré pour la vedette vieillissante, et en très piteux état, de la troupe itinérante dont il était l'habilleur.

Les acteurs ont presque toujours en France des habilleuses pour les aider dans leurs changements de costumes. En Angleterre, ce sont des habilleurs. Je demandai à Stephan quarante-huit heures de réflexion, que je mis à profit pour faire un saut à Londres et assister à une représentation du *Dresser* que jouait Tom Courtenay. Ce que je vis me convainquit de l'audace de Meldegg et de son goût pour le contre-emploi. Courtenay jouait le rôle exactement comme j'envisageais de le jouer moi-même, alors qu'on était habitué à le voir, lui aussi, dans des hommes pleins d'autorité et d'une extrême retenue, plutôt que dans les épaves imbibées de bière et parlant, avec des manières efféminées, un langage de charretier. Ma réponse, à mon retour de Londres, fut un « oui » angoissé.

Nous commençâmes très vite à répéter au théâtre de la Michodière. La mise au point de ce spectacle et du spectacle dans le spectacle, puisqu'il s'agit d'une troupe en tournée et qu'on assiste à ses représentations, était extrêmement compliquée et minutieuse. Stephan est d'une précision qui ne laisse rien passer. La moindre improvisation de dernière minute est immédiatement sanctionnée par lui d'un « ce n'est pas possible » prononcé avec un savoureux accent austro-hongrois, mais une détermination sans appel. Je lui avais suggéré de demander Monique Chaumette pour un rôle important qu'elle joua à merveille. Elle, Jean-Pierre Marielle et moi-même formions une équipe soudée. J'étais fasciné par le travail qu'elle accomplissait.

La lassitude devant les exigences de Stephan mêlée à un trac de plus en plus intense commencèrent cependant à me saisir aux dernières répétitions. Tout était par exemple remis en question parce que je repassais la manche gauche plutôt que la manche droite d'une chemise. Un après-midi, ce qui devait arriver arriva, prévu par toute la troupe. À huit jours de la première, je jetai ma brochure à la tête de Stephan, déclarai que jamais je ne jouerais cette pièce et que…

Je remontai dans ma loge ivre de rage et commençais à ranger mes affaires quand Monique et Jean-Pierre vinrent tenter de me calmer. Leurs prières ne firent qu'attiser ma rage. Soudain Stephan arriva, me priant avec une autorité olympienne de revenir sur une décision qui mettrait vingt personnes dans le plus cruel embarras. Je crois bien n'avoir jamais insulté qui que ce soit comme je l'insultai. Mon but était d'arriver au point où il serait obligé de m'envoyer sa main dans la figure, ce qui motiverait de ma part un geste suffisant pour le tuer. J'étais en proie à une folie furieuse. Il finit par se taire et par se retirer. Je rentrai chez moi. Madeleine était atterrée, le téléphone n'arrêtait pas de sonner et je m'enfermai dans mon bureau dans un état indescriptible !

Au cours de cet après-midi dantesque, une seule chose était sortie de mon esprit. La veille, avant que je ne craque, j'avais invité Stephan à venir dîner chez nous après la répétition du lendemain. Madeleine me le rappela calmement à mon retour au foyer et, avec cette douceur qui jamais ne me quitte, je lui dis de se débrouiller avec son invité, que je ne voulais revoir de ma vie. Je n'imaginais pas qu'il envisagerait de dîner rue Jouffroy après ce qui s'était passé ! Mon instinct me trompait, une fois encore. À huit heures sonnantes, mon « tortionnaire » se présenta à la maison. On l'introduisit au salon où il raconta l'incident à Madeleine. Elle inventa que, pour reprendre mes esprits, je faisais pour la soixantième fois le tour du parc Monceau et que je ne pourrais malheureusement pas assister à notre petite fête ! Madeleine, l'estomac noué, ne put rien avaler et servit Stephan, toujours très calme, qui la quitta assez tôt, en lui annonçant qu'il repasserait vers minuit. Dans la solitude de mon bureau, je me ressaisis et écrivis une très longue lettre à Stephan, lui expliquant les raisons de mon attitude de l'après-midi et l'assurant de mon estime et de mon amitié de longue date. Je lui faisais connaître ma décision de reprendre les répétitions le lendemain, à la seule condition qu'il ne m'adresse plus la parole que pour me manifester sa satisfaction. Lorsqu'il revint à minuit je lui remis ma lettre, nous nous pardonnâmes l'un à l'autre et nous nous quittâmes dans l'amitié retrouvée à cinq heures du matin ! Le lendemain, le travail reprit après que j'eus présenté mes excuses à toute la troupe, qui se montra d'une incomparable et souriante compréhension. Tout faillit recommencer quand Stephan me dit à plusieurs reprises soit par maladresse, soit plutôt pour se payer ma tête – ce que je n'avais pas volé –, que j'étais absolument admirable alors que je déplaçais une chaise ou que je posais une veste sur un cintre. Je finis évidemment par en rire et lui aussi. Quand atteindrai-je l'âge adulte ?

L'Habilleur eut un succès considérable auprès de tous ceux qui voient dans le théâtre autre chose qu'un simple divertissement.

D'Alexis Weissenberg à Serge Lama en passant par Jean-Paul Belmondo, tout ce qui compte dans le spectacle vint voir la pièce de Harewood. Nous reçûmes, Jean-Pierre Marielle et moi, des messages très émouvants d'encouragement et de gratitude. Malheureusement, il fut démontré encore une fois que le public habituel supporte très mal d'entrer dans les coulisses du théâtre et d'en découvrir ce que l'on m'autorisera à appeler « la cuisine », surtout si elle est assez sordide ! Une loge, reconstituée dans un décor, se doit d'être une bonbonnière et une actrice ou un acteur ne peut y évoluer qu'habillé(e) par des grands couturiers, au milieu de bouquets géants d'orchidées.

J'ai éprouvé avec *L'Habilleur* une très grande fierté d'être acteur. J'en remercie l'auteur de cette pièce et son metteur en scène.

23

Le Père Noël n'est pas une ordure

Le bruit courait dans Paris de l'extraordinaire réussite d'un spectacle au Splendid, donné par la jeune compagnie du même nom. Nous nous y rendîmes. D'une série de sketches extravagants, elle réussissait à former une vraie pièce. Ce furent deux heures d'un bonheur total dans la drôlerie, la cocasserie, l'invention prodigieuse et l'interprétation. Ce n'étaient certes pas ses débuts mais, comme souvent, j'étais en retard au rendez-vous de l'actualité. Je feuilletai, en fin de représentation, la feuille ronéotypée qui servait de programme et y découvris le nom de Thierry Lhermitte.

Pendant une grande partie de notre enfance, mes cousins et moi avions partagé beaucoup de nos jeudis et de nos dimanches avec les fils du célèbre professeur Jean Lhermitte, ami de mon oncle et de ma tante. L'un s'appelait François et il devint à son tour professeur à la faculté de médecine. Il était grave et réservé, se mêlant fort peu au groupe que nous formions avec son frère cadet, André, un boute-en-train infatigable. André avait eu un fils. Félicitant les actrices et les acteurs, je demandai à Thierry Lhermitte s'il avait un lien quelconque avec mes amis de jeunesse. André était son père. J'en fus ému et mon plaisir de cette soirée s'en trouva encore augmenté. Il me présenta ses partenaires : Michel Blanc, Gérard Jugnot, Marie-Anne Chazel et Christian Clavier.

Je leur dis que ce serait pour moi une joie de faire ce qu'ils voudraient avec eux, dans n'importe quel domaine, et à titre purement amical. Une seule fois j'avais fait pareille proposition : à Laurence Olivier. Je lui avais dit que jouer un hallebardier muet, dans une de ses productions, était une des ambitions de ma vie. Elle n'a jamais, hélas ! été réalisée, mais en revanche, à quelque temps de ma prise de contact avec les jeunes du Splendid, ils me firent demander si je voulais bien participer avec eux au film de Jean-Marie Poiré, *Le Père Noël est une ordure*, tiré du spectacle du même nom. J'acceptai immédiatement et passai deux nuits en leur compagnie dans une pharmacie du Pont-Neuf. J'y interprétai le rôle très court d'un monsieur en smoking qui s'apprête à fermer boutique. Il doit passer une soirée de rêve avec une ravissante jeune femme et il en est empêché par le blessé qu'on lui amène. Arletty a rendu célèbre une de ses répliques d'*Hôtel du Nord* : « Atmosphère... Atmosphère ! » Je n'oserais évidemment jamais me comparer à elle, mais une des rares répliques que je prononce dans ce film : « Mais c'est de la merde ! » me valut une gloire certaine. Ma notoriété dans les lycées et les grandes écoles qu'a fréquentés mon fils Cyril lui est due. J'eus, grâce à ce film, le privilège de me lier avec Jean-Marie Poiré puis de participer à plusieurs de ses films toujours avec le même plaisir, même si les circonstances rendaient parfois le tournage plein de douloureuses surprises.

Ainsi, après *Papy fait de la Résistance*, il entreprit *Twist again à Moscou*. Je devais y jouer le rôle d'un maréchal de l'Union soviétique sensiblement plus âgé que je ne l'étais. Les essais de maquillage eurent lieu à Paris et furent à ce point enchanteurs qu'en rentrant chez moi, je priai Madeleine de téléphoner à Jean-Marie pour lui dire que si cette expérience devait se renouveler tous les jours pendant deux mois, je renonçais à faire le film. Sur son affirmation catégorique, qui se révéla horriblement mais amicalement mensongère, que cet essai ne voulait rien dire, j'acceptai de devenir un second Vorochilov, beaucoup plus fatigué que le premier. Marina Vlady et Philippe Noiret partirent en éclaireurs pour un endroit que nous sommes seuls au monde à connaître et qui s'appelle Betchaï, à la frontière de la Hongrie et de la Croatie. Bien entendu, nous n'avions pas eu l'autorisation de singer l'Union soviétique sur son propre territoire. Betchaï se compose de huit ou dix maisons et d'une sorte de château datant du siècle dernier qui abritait toute l'équipe technique et artistique et se trouvait doté d'une électricité et d'une eau courante extrêmement fantaisistes.

Bernard Blier et moi quittâmes Paris ensemble pour Belgrade, d'où il ne nous restait que trois cents kilomètres à faire en voiture pour rejoindre le coquet village cité plus haut ! Cette aventure devait se situer en février. Il y avait un mètre cinquante de neige sur la route et, après cinq ou six heures de voyage, à quelques dizaines de *verstes* de Betchaï, notre voiture se retourna mollement dans le fossé et dans la neige. Il était trois heures du matin. Bernard Blier était hors d'état, m'affirma-t-il, de porter une valise. Personne ne nous attendait et c'est à pied que, charriant mes bagages et ceux de l'inoubliable interprète du *Nombril*, je finis par atteindre notre résidence. Jean-Marie Poiré m'a avoué beaucoup plus tard qu'il était mort d'inquiétude, mais avait feint de dormir, car, me connaissant, il s'attendait avec juste raison au pire !

Contrairement aux affirmations de Jean-Marie, chaque matin, vers six heures, par un froid sibérien – c'est l'occasion ou jamais de se servir de cette expression –, un virtuose du fond de teint et de la colle à moustache, engagé pour mon usage personnel, s'acharnait sur moi pendant deux heures. Je restais ensuite la journée entière le visage couvert des monstruosités en caoutchouc qu'il y avait collées. Très rapidement nos rapports se détériorèrent. Je tins le coup pendant une semaine ou deux, puis mes bonnes résolutions s'effondrèrent. Je tournai le film sans parler à qui que ce soit, même pendant un assez long séjour à Belgrade, ville complètement dénuée d'intérêt, mais où nous avions retrouvé un semblant de confort international.

Philippe Noiret et Christian Clavier mirent au point un incomparable numéro de duettistes qui est une irrésistible imitation de moi déambulant sinistrement dans les couloirs de l'hôtel ou les lieux de tournage. Je ne pensais pas, avant de les voir œuvrer tous deux, que je pouvais être aussi ridiculement sinistre.

Il reste de cette aventure le souvenir de l'aide que m'apportait la très grande affection de Philippe, mais nous étions loin, hélas, du charme et du calme souverains de sa maison de l'Aude, où nous avons fait et faisons encore des séjours enchanteurs et d'une sérénité rare !

Lors d'une de ces villégiatures, j'allai à l'abbaye bénédictine d'Encalcat, près de Castelnaudary, visiter un ami perdu de vue depuis des années. Il s'agit de Thierry de Brunhoff, fils de Jean de Brunhoff, père de l'illustre Babar.

Jeune homme, Thierry, était paré de toutes les séductions. Il était très beau, fort intelligent, très distingué, extrêmement impertinent et plein d'un esprit d'une causticité redoutable. Il était en outre en passe de devenir un de nos pianistes les plus appréciés et les plus célèbres. Son maître, Alfred Cortot, lui prédisait le plus glorieux avenir. Le ou les deux disques qu'il a enregistrés sont la preuve que ce virtuose ne se trompait pas.

J'avais appris que lors d'un séjour en Corse, Thierry avait découvert le bouddhisme en furetant dans la bibliothèque de ses hôtes. Ces lectures le passionnèrent et lui firent entrevoir la « vanité des biens de ce monde », dont il était jusqu'alors si friand.

En rentrant à Paris, il se plongea dans la lecture des Évangiles, se fit présenter, je crois, au supérieur des trappistes et, en un mot, décida d'entrer dans les ordres – ce à quoi ceux qui l'avaient connu pouvaient s'attendre le moins. La Trappe étant un ordre un peu trop rude pour lui, il fut, si l'on ose s'exprimer ainsi, muté chez les Bénédictins. Je retrouvai donc à l'abbaye d'Encalcat le jeune homme, un peu mûri, que je n'avais pas vu depuis vingt ans. Il était resté le même. Seuls son costume et sa coupe de cheveux avaient changé ! Son esprit avait gardé son mordant, son sourire son éclat et ses yeux leur pétillement. Quand je lui demandai s'il continuait à jouer sinon du piano, du moins de l'orgue ou de l'harmonium, il me montra en riant ses mains qui étaient devenues celles d'un travailleur de la terre ou d'un gardien de troupeau, tâches qui étaient tour à tour les siennes.

– Comment, me dit-il, imagines-tu que l'on puisse jouer d'un instrument quelconque avec des boudins pareils !

Il avait renoncé à la passion de sa vie et une autre l'avait remplacée. Il rayonnait de bonheur et de sérénité souriante. Rien ne lui manquait. Il me quitta au bout de deux heures pour assister à un office. Il le fit en m'embrassant dans un éclat de rire affectueux et je rentrai chez Philippe en me posant toutes les questions que l'on devine ! Qui peut prévoir combien de formes le bonheur peut prendre ? Le mien est très grand, celui de Thierry ne l'est pas moins. L'année précédente, nous avions, Philippe et moi, tourné *L'Africain* au Kenya. Il s'y était montré attentionné, prévenant, tel qu'en lui-même enfin…

Qu'il me soit permis de donner ici une courte démonstration de l'émotivité ou de l'angoisse insensée qui s'empare souvent des acteurs. Allongés, Philippe et moi, au bord de la piscine d'une amie très hospitalière et exquise, à quelques jours de notre départ pour le Kenya, nous avons en même temps relevé la tête de sur nos bras croisés sous le soleil et nous sommes aperçus que nous avions, dans un profond silence, les larmes aux yeux l'un et l'autre. Quand je lui demandai ce qu'il avait et qu'il me retourna la question, nous répondîmes, avec un admirable synchronisme :

– Nairobi est trop loin. Nous n'en reviendrons jamais !

Bien d'autres après-midi au bord de cette même piscine devaient évidemment démentir nos pronostics. Nous allâmes en effet au Kenya, nous y retrouvâmes Catherine Deneuve, vedette du film de Philippe de Broca avec Philippe, et en revînmes sains et saufs.

Le Kenya reste pour moi à découvrir. On me dit qu'on y rencontre des troupeaux immenses de girafes et d'éléphants, des lions et des nuées de flamants roses. Presque tous les interprètes de *L'Africain* ont eu droit à ces nez-à-nez. Catherine Deneuve a même fait avec ses enfants, Christian Vadim et Chiara Mastroianni, un safari en ballon. Mon emploi du temps fut tel que je revins du Kenya ayant rencontré en tout et pour tout un lapin traversant fébrilement une route sur laquelle je circulais dans une Mercedes que mon chauffeur masaï conduisait avec ses pieds ! Je l'ai filmé.

Cyril grandissait, notre fils allait avoir seize ans. Il devenait un jeune homme très réservé, solitaire, souvent grave, mais assez souvent aussi pris d'une folle gaieté. J'ai longtemps craint que son éloignement de ce que je faisais dans la vie et mon incompréhension à peu près totale de ce vers quoi ses goûts le portaient, c'est-à-dire les mathématiques, n'établissent entre nous un barrage insurmontable. Il n'en est rien.

J'avais un souvenir si pénible de mon enfance et des débuts de ma vie de jeune homme, que je m'étais juré que tout ce par quoi j'étais passé lui serait évité. Madeleine, beaucoup plus subtilement et adroitement que moi, sut mettre cette résolution en pratique. Je m'y acharnai de mon mieux, mais ce mieux fut parfois un peu cahotique. Mon caractère est, au départ, difficile. La profession que j'exerce n'a rien fait pour l'assouplir et Cyril en a un peu hérité ! Je n'ai jamais pu douter qu'il doute, lui, un seul instant, être avec sa mère le centre de mes préoccupations, de mes bonheurs, de mes soucis parfois, mais toujours de mes espoirs.

Notre existence est, à cause de lui ou grâce à lui, aussi peu théâtrale que possible. Il s'est toujours agi pour moi qu'il ne soit pas « gêné » par le métier que j'exerce. Il ne fallait pas qu'il souffre de ce qui, souvent malgré nous, sont des manifestations de désordre, de valeurs usurpées, de légèreté trop voyante et de désespoir injustifié. J'espère y avoir réussi presque complètement, en tout cas au mieux de ce que me permettaient mes moyens affectifs. Madeleine, elle, a maîtrisé tout ce que je viens d'évoquer avec une intelligence, une sensibilité et un bon sens admirables. Elle a souvent eu deux enfants à élever. Le second me paraît justifier chez elle quelque fierté. Je pense que chez tous les êtres sensibles, surviennent des moments d'extraordinaire incertitude, de détresse, de remise en cause devant tout ce qui est leur existence, de ce que sont leurs passions, voire leurs amours. Le doute cerne, à des moments ou dans des circonstances imprévisibles, ceux ou celles qui semblent le moins faits pour en être les victimes. S'il fallait parler de cette question sur un ton léger, je dirais mon absence d'étonnement si j'apprenais qu'à certaines heures de sa vie, Yehudi Menuhin ne sait plus très bien pourquoi on se sert d'un violon. Il est infiniment précieux à de pareils instants de faire une confiance totale à un être qui nous a donné la preuve de son amitié, de sa connaissance des vraies valeurs, de sa maîtrise des problèmes qui sont les nôtres, de son intégrité et de son intuition. J'ai un être de cette envergure à portée de la main et presque continuellement sous les yeux : c'est ma femme. Son rôle a ses limites du fait qu'elle est ma femme. Il me fallait un autre soutien plus objectif, moins tributaire des émotions, des passions ou des dégoûts que nous pouvons partager, Madeleine et moi, en un mot un conseiller. J'en avais besoin plus que quiconque. Je l'ai trouvé en la personne de Mme Jacques-Gérard Cornu, un peu plus connue dans le monde du spectacle sous le nom de Michèle Méritz. Elle veut bien, depuis des années, se charger de mes intérêts. Elle a le doigté qu'il faut pour me faire avancer, arrêter ou reculer quand je ne sais plus quelle direction prendre.

J'étais, on le voit, assez bien gardé à droite et assez bien gardé à gauche. J'imagine cependant que l'on a deviné depuis longtemps à quel point j'étais et suis toujours insatiable. Il me fallait de toute urgence un troisième soutien pour les jours de mélancolie, un complice pour les jours de liesse. Le besoin d'un chien s'imposait, si comblé que je fusse par ailleurs. J'étais très déterminé quant à sa race et sa couleur. Il fallait que ce fût un Schnauzer « poivre et sel », c'est-à-dire gris clair. Je voulais un animal et non pas un jouet. Je fus servi. Je lançais sur la piste du phénomène dont je rêvais un ami, Sigmund Graa, qui vit avec son exceptionnelle et récente épouse près de Neuchâtel, un des hommes les plus intelligents et les plus insolites qu'il m'ait été donné de rencontrer. Sa connaissance parfaite de la gent canine lui permit, au bout de quelques semaines, de m'annoncer avoir mis la main sur le fils du champion d'Europe et de la championne de

Suisse, qui venait de naître dans les environs de Zurich. Madeleine et moi nous précipitâmes là-bas et tombâmes en extase devant un petit chien noir qui nous adopta d'un coup de langue. En avril, je revins à Arrau chercher Orlot rebaptisé Otto et curieusement devenu gris.

Je rentrai à Paris par le train, mon enfant-chien dans les bras. Madeleine et Cyril m'attendaient à la gare de Lyon. Otto cessa enfin de baver de terreur comme il l'avait fait sur mes genoux pendant tout le voyage et un cirque infernal commença, qui devait durer près de quatre mois. Au cours de cette période, aucun meuble, aucun tapis, aucun livre dépassant d'une bibliothèque ne fut épargné. Je passe sous silence, pour ne choquer personne, d'autres problèmes que nous posa Otto.

La rencontre de François Nourissier et la sympathie très vive en plus de l'admiration que j'éprouvai pour lui, m'incitèrent à lire, très en retard, son superbe livre *Lettre à mon chien.*

Je ne peux pas penser que qui que ce soit ait pu se pencher plus subtilement et plus intelligemment sur nos amis que François Nourissier. Ils n'ont aucun secret pour lui, ni dans leur comportement, ni dans les joies infinies qu'ils apportent, ni dans les désespoirs dans lesquels ils peuvent nous plonger. Ce qui m'enchante chaque jour un peu plus que la veille c'est qu'Otto semble se trouver parfaitement heureux chez nous et le manifeste d'une façon souvent un peu brutale, mais confondante. Je lui parle très souvent et je suis convaincu qu'au-delà des quelques mots de dressage auxquels tous les chiens obéissent ou réagissent, Otto me comprend. Ses réactions muettes sont pour moi d'une grande précision. Quant à ses réactions bruyantes, si discrètes ou si sonores soient-elles parfois, elles finissent par me convaincre qu'à sa façon il « parle ». Du moins, il parlait, puisqu'il vient de disparaître.

24

Petit inventaire

Jean-Michel Rouzière m'invita un jour à jouer au théâtre des Variétés *N'écoutez pas, mesdames* de Sacha Guitry avec Micheline Boudet et Pierre Dux, dans la mise en scène de Pierre Mondy. La pièce fut représentée près de deux cents fois. Il ne se passa rien d'original pendant cette saison. Tout était d'une régularité, d'une correction parfaites. C'était un succès… et il ne se passait rien. Ainsi va le théâtre ! De temps à autre, une certaine envie de fantaisie nous prenait l'un ou l'autre à la gorge, mais point n'était question de la manifester. Certains devineront la raison de notre sagesse à tous, indépendamment de nos âges et de nos expériences.

Un événement, que je crus un instant devoir être capital pour moi et ma passion pour le théâtre, fut l'offre que l'on me fit peu après la fin des représentations de la pièce de Guitry d'être le partenaire de Madeleine Renaud dans *Les Salons* au théâtre du Rond-Point. C'était un montage de textes ayant trait à la vie et aux amours de Mme du Deffand. Horace Walpole avait été la grande passion de la célèbre marquise. On me demandait de tenir ce rôle. Une des originalités des tumultueux rapports de Mme du Deffand avec Walpole est que, si elle était follement amoureuse de lui, tout en s'en défendant parfois, lui n'éprouvait pour elle qu'une amitié un peu lasse puisqu'elle aurait pu être sa mère. Nicole Courcel et Michel Duchaussoy, retrouvés avec joie, devaient jouer respectivement Mlle de Lespinasse, la lectrice traîtresse de la marquise, et Guibert, son amant.

Je ressentais comme un grand honneur d'avoir été sollicité pour donner la réplique à la prestigieuse Madeleine Renaud. Je l'admirais intensément depuis toujours. Peu d'actrices de son envergure ont joué avec tant de maestria des rôles aussi variés, de Marivaux à Feydeau en passant par Giraudoux et Beckett. Nos rapports furent excellents. J'étais plein de respect et de dévotion pour elle. Elle le sentait et en était, je crois, touchée.

La pièce fut malheureusement fort maladroitement mise en scène, personne n'eut vraiment d'influence sur ses deux coauteurs fort cultivés mais assez inexpérimentés et Jean-Louis Barrault se désintéressa complètement de la question, alors que j'espérais de toutes mes forces qu'il redressât la barre qui vacillait un peu plus à chaque répétition.

Je ne garde pas, malheureusement, de mon passage dans le théâtre du célèbre couple de la scène française, un souvenir très ému. Seule la religion de Jean-Louis Barrault pour sa femme me toucha profondément. Il me la confiait littéralement avant chaque représentation et venait la reprendre ensuite pour la conduire à sa loge, puis chez eux. Cette incursion au Rond-Point me permit simplement de connaître mieux et de devenir l'ami de Danielle Cattand, qui administrait le théâtre. Elle est un personnage hors du commun, fascinante d'énergie, de ténacité et de charme. Ses qualités font aujourd'hui merveille à l'Opéra.

Il se présente peu de rencontres très souhaitées, très attendues, qui nous précipitent dans le respect mutuel avec le sentiment de faire partie des heureux élus de la profession. Lorsqu'elles se produisent, de telles rencontres ne manquent presque jamais, hélas ! d'en laisser paraître certains aspects dérisoires.

La mise en scène assez sommaire des *Salons* avait placé le couple que nous formions, Madeleine Renaud et moi, à une extrémité de l'immense plateau du théâtre du Rond-Point et celui que formaient Nicole Courcel et Michel Duchaussoy à l'autre. Nous n'en bougions pratiquement jamais pendant la représentation. Madeleine Renaud, pour plusieurs raisons, entendait assez mal ce qui se passait à la « cour », alors que nous étions coincés au « jardin ». Elle manifestait, pour sauver les apparences, une évidente mauvaise foi quant à l'intelligibilité de ce que Nicole avait à dire. Après un assez long monologue de cette dernière, elle devait enchaîner avec une tirade sur le marquis de Sade. Elle m'avait prié de lui presser un peu plus fort, et à deux reprises, celle de ses mains que j'avais à peu près continuellement dans la mienne. C'était son *starting gate*. Un soir, je fis ce qu'elle m'avait demandé et elle resta muette. Je recommençai, en vain. Tout à coup, elle se pencha vers moi et, du coin de nos lèvres dissimulées derrière deux doigts, comme toujours chez les acteurs dont la mémoire flanche et qui demandent du secours, le dialogue suivant s'engagea :

Madeleine Renaud. – Qu'est-ce qui se passe ?

Moi. – C'est à vous, Madeleine.

Madeleine Renaud. – À moi quoi ?

Moi. – Votre tirade.

Madeleine Renaud. – Sur quoi ?

Moi. – Sur Sade.

Madeleine Renaud. – Comment ? Je l'ai déjà dite hier !

Éclipse momentanée d'une étoile de première grandeur.

Déjà souffrant et installé en Suisse, Jean Anouilh, à quelque temps, et une ou deux télévisions de là, me fit demander de reprendre *L'Hurluberlu* avec Michel Galabru au théâtre du Palais-Royal. Le rôle n'avait pas grand intérêt, mais je n'avais rien à refuser à Jean Anouilh, qui, j'en éprouve une grande fierté, tenait beaucoup à moi. Après avoir très peu réfléchi, je lui téléphonai en Suisse que je serais de nouveau avec plaisir son interprète. Je lui demandai aussi comment il se portait. Il me fit cette réponse admirable :

– Mon pauvre vieux, la dernière fois que vous m'avez téléphoné c'était la Bérézina. Aujourd'hui c'est Waterloo !

Il me fit parvenir, pour la première, son livre de souvenirs *La Vicomtesse d'Eristal n'a pas reçu son balai mécanique*, qui est un clin d'œil autobiographique trop bref, hélas, avec cette dédicace : « Pour Jacques François qui, à force d'être un personnage de mes pièces, a fini par devenir un personnage de ma vie ! Bien affectueusement. Jean Anouilh. 1987 ». Rarement un mot sur la page de garde d'un livre m'a autant ému, et beaucoup cependant honorent ma bibliothèque.

L'Hurluberlu eut une carrière assez digne. Une atmosphère bon enfant régnait dans la troupe. Michel Galabru est un ami de très longue date avec qui je m'entends parfaitement. Il fait partie de ces excellents acteurs sur le front desquels le Saint-Esprit ne se pose pas mécaniquement tous les soirs. Lorsqu'Il s'y pose, ce qui a lieu quatre-vingt-dix fois sur cent, un miracle de drôlerie, d'invention et d'émotion se produit. Les autres soirs on peut s'attendre à tout.

Jean Anouilh mourut pendant que nous jouions sa pièce dont il ne vit jamais la reprise. Mon chagrin fut immense. Heureusement je ne devais pas en rester là avec mon auteur favori. Sa famille me fit demander, par l'intermédiaire de Simone Valère et de Jean Desailly, de reprendre *La Foire d'empoigne* au théâtre de la Madeleine, belle et étrange pièce, en ce sens qu'elle n'en est pas vraiment une. C'est plutôt un récit historique dialogué, impertinent, parfois d'une émotion inattendue, mais toujours d'une rigoureuse exactitude historique. Il s'agit de la peinture de la vertigineuse époque des Cent-Jours et de la valse du pouvoir entre Napoléon Ier et Louis XVIII sous l'œil goguenard, assez ignoblement satisfait et torve de Joseph Fouché, duc d'Otrante. C'était ce rôle qu'on me demandait de jouer. Jean Desailly s'attaquait, lui, à la périlleuse entreprise d'interpréter au cours de la même représentation, les rôles de l'empereur et du roi. La seule liberté qu'Anouilh avait prise avec l'Histoire était l'invention de la paternité naturelle de Fouché à la suite de ses immondes exactions lorsqu'il représentait le gouvernement de la République à Lyon. Il lui était, imagina l'auteur, né un fils. Toutes ses trahisons, ses bassesses et ses lâchetés n'avaient été provoquées que par le désir de protéger cet enfant, puis ce jeune homme devenu officier tour à tour de l'un et l'autre souverains, et de l'empêcher de périr à la guerre.

L'entente entre comédiens fut parfaite. Elle devait le rester pendant la tournée qui suivit. J'y repris le rôle que je jouais au théâtre de la Madeleine et dans lequel j'avais été, pour un temps, remplacé, celui d'un séjour professionnel à New York.

25

Drôle de métier !

En mettant un point final à ce récit, je voudrais écrire une ou deux pages sur l'avenir. Un énième film de Jean-Marie Poiré m'occupe pendant que j'écris ces lignes. Bernard Murat, qui a superbement mis en scène *Tailleur pour dames* de Feydeau et *L'Idée fixe* de Paul Valéry, s'apprête à réaliser pour la télévision une pièce d'Alan Ayckbourne, *Les Gens ne sont pas tous ignobles*, où je retrouve Pierre Arditi, perdu de vue depuis *Le Procès de Louis XVI* d'Elisabeth Badinter. J'y retrouve aussi mes pittoresques et si chers amis Marie-Anne Chazel et Christian Clavier. L'emploi du temps de ce début de saison est rigoureux, mais c'est ainsi que les choses doivent être pour que cette profession ait un sens.

La fuite du temps a toujours eu pour moi un caractère obsessionnel. L'avance de l'âge me remplit de terreur depuis que je suis capable d'imaginer les désordres qu'elle peut apporter avec soi. La relecture des pages qui précèdent a sur moi deux effets contradictoires.

Le premier est la tristesse où me plonge l'évocation de tant de mes amis, de mes maîtres, de mes partenaires et, j'ose le dire, de mes idoles qui ont disparu brutalement ou, ce qui est plus triste encore, avec une lamentable lenteur.

Le second est le sentiment réconfortant et merveilleux que les gens de spectacle sont des enfants et le restent quel que soit leur âge. Mon fils, lui, a très tôt été adulte. Il a vis-à-vis de moi, à de nombreux moments, une attitude assez tendrement paternelle qui m'agace parfois un peu, mais m'enchante toujours quand j'y réfléchis sérieusement, par tout ce qu'elle implique de jeunesse dans l'homme assez « mûr » que je suis devenu.

Dominique Rolin, que j'admire et que j'aime, m'a demandé, un jour où, à Bruxelles, elle était reçue à l'Académie royale de Belgique :

– Comment va ce grand garçon qui a l'air d'être le père de son père ?

Quel joli compliment elle nous fit ce jour-là à l'un et à l'autre !

Je voudrais beaucoup aussi que mon âge et mon expérience m'autorisent à donner aux jeunes gens entre les mains desquels peuvent tomber ces *Rappels* un conseil dont certains d'entre eux profiteront peut-être. J'ai parlé à plusieurs reprises de l'importance immense de la chance dans cette profession qui est la mienne et est déjà ou deviendra la leur. Cette chance il faut la servir autrement que je ne l'ai servie moi-même car, si l'on suit l'exemple navrant que j'ai donné souvent, la chance prend un autre nom, elle s'appelle le miracle !

Pour pittoresque qu'il est peut-être, le récit de mes incartades, de mes sautes d'humeur, de mes négligences, de ma légèreté ou de mes manifestations d'indépendance ou de paresse ne devrait sous aucun prétexte servir d'exemple. Je ne me suis pas consolé de n'avoir pas, par négligence ou besoin enfantin de liberté, joué le *Beckett* de Jean Anouilh, *Vogue la galère* de Marcel Aymé, *La Ville dont le prince est un enfant* d'Henry de Montherlant, et d'avoir eu vis-à-vis de certains directeurs, de certains metteurs en scène, auteurs ou réalisateurs de films, une attitude qui pouvait leur faire croire un instant ou définitivement que presque tout prenait le pas sur mon métier. Il faut aider sa chance, aider ses dons et, sans abdiquer sa personnalité, se servir au départ, et même tout au long d'une carrière, des atouts que le destin vous a mis entre les mains.

Ce récit est un aperçu de ce qui m'est arrivé depuis de longues années, mais je n'en ai évoqué que la moitié. Je n'ai parlé que de quelques-uns de ceux ou celles qui ont provoqué chez moi la passion ou la révolte. Beaucoup d'activités de second ordre ont jalonné mon existence et un certain nombre d'êtres entièrement dépourvus d'intérêt ont parfois accompagné mon parcours. Je ne parle ici que des « fascinations » que j'ai éprouvées. J'ai l'immense privilège que leur nombre domine très nettement celui des médiocrités auxquelles j'ai pu être mêlé. N'ayant jamais fait au théâtre que ce que je voulais, j'ai passé sous silence le nom de nombreux films et émissions de télévision auxquels j'ai été obligé de participer. Sur le moment, j'en ai souvent été malade. Maintenant, tout compte fait, je ne peux qu'en sourire, sinon en rire.

Pendant la guerre, Jean Cocteau et Jean Marais avaient monté pour des matinées classiques et, je crois, une soirée hebdomadaire *Britannicus* de Racine. Le spectacle était présenté devant le rideau par Jean Cocteau lui-même et, pendant cinq actes, Gabrielle Dorziat dans Agrippine, Jean Marais dans Néron et Serge Reggiani dans Britannicus nous coupaient le souffle.

Un après-midi, après la représentation j'étais allé chercher Jean et Serge. Pour des raisons qui n'avaient rien à voir avec la mode capillaire des années cinquante avant Jésus-Christ Jean et Serge s'étaient laissé pousser les cheveux très bas sur la nuque et les épaules. Jean Marais avait été jusqu'à teindre les siens au henné. Ceux de Serge étaient noirs et bouclés. Ai-je besoin de dire qu'ils ne passaient pas inaperçus quand ils se dirigeaient vers la station de métro Quatre-Septembre ? En sortant du théâtre, un homme sévère et rébarbatif nous croisa et, sans s'arrêter, dit à haute voix à sa compagne :

– Pas étonnant qu'on en soit où on en est. Tu as vu ces malheureux zazous, et leurs coiffures ? Quelle misère !

À quoi Serge Reggiani lui répondit, également sans s'arrêter, et avec la même sévérité :

– C'est pour notre métier, monsieur.

Et l'autre :

– Drôle de métier, monsieur !

TABLE

Grands romans

La littérature conjuguée au pluriel, pour votre plaisir. Des œuvres de grands romanciers français et étrangers, des histoires passionnantes, dramatiques, drôles ou émouvantes, pour tous les goûts...

ADLER Philippe

Bonjour la galère !
1868/1

Les amies de ma femme
2439/3

Mais qu'est-ce qu'elles veulent ces bonnes femmes ? Quand il rentre chez lui, Albert aimerait que Victoire s'occupe de lui mais rien à faire : les copines d'abord. Jusqu'au jour où Victoire se fait la malle et où ce sont ses copines qui consolent Albert.

ANDREWS™ Virginia C.

Fleurs captives

Dans un immense et ténébreux grenier, quatre enfants vivent séquestrés. Pour oublier leur détresse, ils font de leur prison le royaume de leurs jeux, le refuge de leur tendresse, à l'abri du monde. Mais le temps passe et le grenier devient un enfer. Et le seul désir de ces enfants devenus adolescents est désormais de s'évader... à n'importe quel prix.

- Fleurs captives
1165/4
- Pétales au vent
1237/4
- Bouquet d'épines
1350/4
- Les racines du passé
1818/5
- Le jardin des ombres
2526/4

La saga de Heaven

- Les enfants des collines
2727/5

C'est l'envers de l'Amérique : la misère à deux pas de l'opulence. Dans la cabane sordide où elle vit avec ses quatre frères et sœurs, Heaven se demande comment ses parents ont eu l'idée de lui donner ce prénom : «Paradis». Un jour, elle apprendra le secret de sa naissance.

- L'ange de la nuit
2870/5
- Cœurs maudits
2971/5
- Un visage du paradis
3119/5
- Le labyrinthe des songes
3234/6

Ma douce Audrina
1578/4

Etrange existence que celle d'Audrina ! Sur cette petite fille de sept ans, pèse l'ombre d'une autre : sa sœur aînée, morte il y a bien longtemps dans des circonstances tragiques et qu'elle est chargée de faire revivre.

Aurore

Un terrible secret pèse sur la naissance d'Aurore. Brutalement séparée des siens, humiliée, trompée, elle devra payer pour les péchés que d'autres ont commis. Car sur elle et sur sa fille Christie, plane la malédiction des Cutler...

- Aurore
3464/5
- Les secrets de l'aube
3580/6
- L'enfant du crépuscule
3723/6
- Les démons de la nuit
3772/6
- Avant l'aurore
3899/5

ARCHER Jeffrey

Le souffle du temps
4058/9

ASHWORTH Sherry

Calories story
3964/5 Inédit

ATTANÉ Chantal

Le propre du bouc
3337/2

AVRIL Nicole

Monsieur de Lyon
1049/2

La disgrâce
1344/3

Isabelle est heureuse, jusqu'au jour où elle découvre qu'elle est laide. A cette disgrâce qui la frappe, elle survivra, lucide, dure, hostile, adulte soudain.

Jeanne
1879/3

Don Juan aujourd'hui pourrait-il être une femme ? La belle Jeanne a appris, d'homme en homme, à jouir d'une existence qu'elle sait toujours menacée.

L'été de la Saint-Valentin
2038/1

La première alliance
2168/3

Sur la peau du Diable
2707/4

Dans les jardins de mon père
3000/2

Il y a longtemps que je t'aime
3506/3

L'amour impossible entre Antoine, 14 ans, et Pauline, sa belle-mère.

BACH Richard

Jonathan Livingston le goéland
1562/1 Illustré

Illusions/Le Messie récalcitrant
2111/1

Un pont sur l'infini
2270/4

Grands romans

BELLETTO René
Le revenant
2841/5
Sur la terre comme au ciel
2943/5
La machine
3080/6
L'Enfer
3150/5

BERBEROVA Nina
Le laquais et la putain
2850/1
Astachev à Paris
2941/2
La résurrection de Mozart
3064/1
C'est moi qui souligne
3190/8
L'accompagnatrice
3362/4
De cape et de larmes
3426/1
Roquenval
3679/1
A la mémoire de Schliemann
3898/1

BERGER Thomas
Little Big Man
3281/8

BEYALA Calixthe
C'est le soleil qui m'a brûlée
2512/2
Le petit prince de Belleville
3552/3
Maman a un amant
3981/3
Loukoum, douze ans, est un Africain de Belleville, gouailleur et tendre comme tous les gamins de Paris. Mais voilà que sa mère décide soudain de s'émanciper. Non contente de vouloir apprendre à lire et à écrire, elle prend un amant, un Blanc par-dessus le marché ! Décidément, la liberté des femmes, c'est rien de bon...

BLAKE Michael
Danse avec les loups
2958/4

BORY Jean-Louis
Mon village à l'heure allemande
81/4

BOUDARD Alphonse
Saint Frédo
3962/3

BRAVO Christine
Avenida B.
3044/3

TERROIR

Romans et histoires vraies d'une France paysanne qui nous redonne le goût de nos racines.

BRIAND Charles
De mère inconnue
3591/5
Le destin d'Olga, placée comme domestique chez des paysans angevins et enceinte à 14 ans.

CLANCIER G.-E.
Le pain noir
651/3

GEORGY Guy
La folle avoine
3391/4
Orphelin, Guy-Noël vit chez sa grand-mère, une vieille dame qui connaît tout le folklore et les légendes du pays sarladais.

JEURY Michel
Le vrai goût de la vie
2946/4
Une odeur d'herbe folle
3103/5
Le soir du vent fou
3394/5
Un soir de 1934, alors que souffle le vent fou, un feu de broussailles se propage rapidement et détruit la maison du maire...

LAUSSAC Colette
Le sorcier des truffes
3606/1

MASSE Ludovic
Les Grégoire
Histoire nostalgique et tendre d'une famille, entre Conflent et Vallespir, en Catalogne française, au début du siècle.
- Le livret de famille
3653/5
- Fumées de village
3787/5
- La fleur de la jeunesse
3879/5

PONÇON Jean-Claude
Revenir à Malassise
3806/3

SOUMY Jean-Guy
Les moissons délaissées
3720/6
Mars 1860. Un jeune Limousin quitte son village natal pour aller travailler à Paris, dans les immenses chantiers ouverts par Haussmann. Chaque année, la pauvreté contraint les gens de la Creuse à délaisser les moissons... Histoire d'une famille et d'une région au siècle dernier.

VIGNER Alain
L'arcandier
3625/4

VIOLLIER Yves
Par un si long détour
3739/4

Grands romans

BROUILLET Chrystine
Marie LaFlamme
- Marie LaFlamme
3838/6
En 1662, à Nantes, la mère de Marie est condamnée au bûcher. Pour sauver sa fille, elle lui fait épouser un riche et cruel armateur, Geoffroy de St Arnaud. Mais Marie aime Simon et pour conquérir sa liberté, elle est prête à tout. Même à s'embarquer pour la Nouvelle-France, qui va devenir le Canada...
- Nouvelle-France
3839/6
- La renarde
3840/6

BYRNE Beverly
Gitana
3938/8

CAILHOL Alain
Immaculada
3766/4 Inédit
Histoire d'un écrivain paumé, en proie au mal de vivre. Un humour désespéré teinte ce premier roman d'un auteur bordelais de vingt ans, qui s'inscrit dans la lignée de Djian.

CALFAN Nicole
La femme en clef de sol
3991/2

CAMPBELL Naomi
Swan
3827/6

CATO Nancy
Lady F.
2603/4
Tous nos jours sont des adieux
3154/8
Sucre brun
3749/6
Marigold
3837/2

CHAMSON André
La Superbe
3269/7
La tour de Constance
3342/7

CHEDID Andrée
La maison sans racines
2065/2
Le sixième jour
2529/3
Le choléra frappe Le Caire. Ignorante et superstitieuse, la population préfère cacher les malades car, lorsqu'une ambulance vient les chercher, ils ne reviennent plus. L'instituteur l'a dit : «Le sixième jour, si le choléra ne t'a pas tué, tu es guéri.»
Le sommeil délivré
2636/3
L'autre
2730/3
Les marches de sable
2886/3
L'enfant multiple
2970/3
Le survivant
3171/2
La cité fertile
3319/1
La femme en rouge
3769/1

CLANCIER Georges-Emmanuel
Le pain noir
651/3
Le pain noir, c'est celui des pauvres, si dur, que même les chiens n'en veulent pas. Placée à huit ans comme domestique chez des patrons avares, Cathie n'en connaîtra pas d'autre. Récit d'une enfance en pays Limousin, au siècle dernier.

CLERC Christine
Jacques, Edouard, Charles, Philippe et les autres
3828/5

CLÉMENT Catherine
Pour l'amour de l'Inde
3896/8
Le roman vrai des amours de Nehru et de Lady Edwina Mountbatten, l'une des plus grandes dames de l'aristocratie anglaise,femme du dernier des vice-rois des Indes britanniques.

COCTEAU Jean
Orphée
2172/1

COLETTE
Le blé en herbe
2/1

COLOMBANI Marie-Françoise
Donne-moi la main, on traverse
2881/3
Derniers désirs
3460/2

COLLARD Cyril
Cinéaste, musicien, il a adapté à l'écran et interprété lui-même son second roman Les nuits fauves.
Le film 4 fois primé, a été élu meilleur film de l'année aux Césars 1993. Quelques jours plus tôt Cyril Collard mourait du sida.
Les nuits fauves
2993/3
Condamné amour
3501/4
Cyril Collard : la passion
3590/4 (par J.-P. Guerand & M. Moriconi)
L'ange sauvage (Carnets)
3791/3

CONROY Pat
Le Prince des marées
2641/5 & 2642/5
Le Grand Santini
3155/8

CORMAN Avery
Kramer contre Kramer
1044/3

Grands romans

DeMILLE Nelson

Le voisin
3722/9

DENUZIERE Maurice

A l'aube du XIXe siècle, le pays de Vaud apparaît comme une oasis de paix, au milieu d'une Europe secouée de furieux soubresauts. C'est cette joie de vivre oubliée que découvre Blaise de Fontsalte, soldat de l'Empire, déjà las de l'épopée napoléonienne. De ses amours clandestines avec Charlotte, la femme de son hôte, va naître une petite fille... La nouvelle saga de Maurice Denuzière.

Helvétie
3534/9
La Trahison des apparences
3674/1
Rive-Reine
4033/6 & 4034/6

DHÔTEL André

Le pays où l'on n'arrive jamais
61/2

DICKEY James

Délivrance
531/3

DIWO Jean

Au temps où la Joconde parlait
3443/7

1469. Les Médicis règnent sur Florence et Léonard de Vinci entame sa carrière, aux côtés de Machiavel, de Michel-Ange, de Botticelli, de Raphaël... Une pléiade de génies vont inventer la Renaissance.

DJIAN Philippe

Né en 1949, sa pudeur, son regard à la fois tendre et acerbe, et son style inimitable, ont fait de lui l'écrivain le plus lu de sa génération.

37°2 le matin
1951/4

Se fixer des buts dans la vie, c'est s'entortiller dans des chaînes... Oui, mais il y a Betty et pour elle, il irait décrocher la lune. C'est là qu'ils commencent à souffrir. Car elle court derrière quelque chose qui n'existe pas. Et lui court derrière elle. Derrière un amour fou...

Bleu comme l'enfer
1971/4
Zone érogène
2062/4
Maudit manège
2167/5
50 contre 1
2363/2
Echine
2658/5
Crocodiles
2785/2

Cinq histoires qui racontent le blues des amours déçues ou ignorées. Mais c'est parce que l'amour dont ils rêvent se refuse à eux que les personnages de Djian se cuirassent d'indifférence ou de certitudes. Au fond d'eux-mêmes, ils sont comme les crocodiles : «des animaux sensibles sous leur peau dure.»

DOBYNS Stephen

Les deux morts de la Señora Puccini
3752/5 Inédit

DORIN Françoise

*Elle poursuit avec un égal bonheur une double carrière. Ses pièces (*La facture, L'intoxe...*) dépassent le millier de représentations et ses romans sont autant de best-sellers.*

Les lits à une place
1369/4
Les miroirs truqués
1519/4
Les jupes-culottes
1893/4
Les corbeaux et les renardes
2748/5

Baron huppé mais facile à duper, Jean-François de Brissandre trouve astucieux de prendre la place de son chauffeur pour séduire sa dulcinée. Renarde avisée, Nadège lui tient le même langage. Et voilà notre corbeau pris au piège, lui qui croyait abuser une ingénue.

Nini Patte-en-l'air
3105/6
Au nom du père et de la fille
3551/5

Un beau matin, Georges Vals aperçoit l'affiche d'un film érotique, sur laquelle s'étale le corps superbe et intégralement nu de sa fille. De quoi chambouler un honorable conseiller fiscal de soixante-trois ans ! Mais son entourage est loin de partager son indignation. Que ne ferait-on pas, à notre époque, pour être médiatisé ?

Pique et cœur
3835/1

Grands romans

DUBOIS Jean-Paul
Les poissons me regardent
3340/3
Une année sous silence
3635/3
Vous aurez
de mes nouvelles
3858/2

DUNKEL Elizabeth
Toutes les femmes
aiment un poète russe
3463/7

DUROY Lionel
Priez pour nous
3138/4

EDMONDS Lucinda
En coulisse
3676/6

ELLISON James
Calendar girl
3804/3

FERBER Edna
Show-Boat
4016/5
Au début du siècle, tous les grands fleuves américains sont sillonnés de bateaux affrétés par des troupes théâtrales. Ces comédiens ambulants abordent pour quelques représentations et repartent un peu plus loin. La vie et les amours de Magnolia, une enfant de la balle, dans le Sud pittoresque d'autrefois.

FIELD Michel
L'homme aux pâtes
3825/4

FIELDING Joy
Dis au revoir à maman
1276/4
Lors de son divorce, Donna s'est battue pour avoir la garde de ses enfants. Mais lors d'un week-end, Victor, son ex-mari, disparaît avec Adam et Sharon. Que peut Donna contre ce rapt qui ne tombe sous le coup d'aucune loi ? Pour retrouver ses enfants, elle va se battre, espérant et désespérant tour à tour...
La femme piégée
1750/4

FOSSET Jean-Paul
Saba
3270/3

FOUCHET Lorraine
Jeanne sans domicile fixe
2932/4

FREEDMAN J.-F.
Par vent debout
3658/9

FRISON-ROCHE
Né à Paris en 1906, l'alpinisme et le journalisme le conduisent à une carrière d'écrivain. Aujourd'hui il partage son temps entre de grands reportages, les montagnes du Hoggar et Chamonix.
La peau de bison
715/3
La vallée sans hommes
775/3
Carnets sahariens
866/2
Premier de cordée
936/3
Le mont Blanc, ses aiguilles acérées, ses failles abruptes, son pur silence a toujours été la passion de Jean Servettaz. C'est aussi pour cela qu'il a décidé d'en écarter son fils. Mais lorsque la montagne vous tient, rien ne peut contrarier cette vocation.
La grande crevasse
951/3
Retour à la montagne
960/3
La piste oubliée
1054/3
La Montagne
aux Écritures
1064/2
Le rendez-vous
d'Essendilène
1078/3
Le rapt
1181/4
Djebel Amour
1225/4
En 1870, une jolie couturière épouse un prince de l'Islam. A la suite de Si Ahmed Tidjani, elle découvre, éblouie, la splendeur du Sahara. Décidée à conquérir son peuple, elle apprend l'arabe, porte le saroual et prend le nom de Lalla Yamina.
La dernière migration
1243/4
Les montagnards de la
nuit
1442/4
Frison-Roche, qui a lui-même appartenu aux maquis savoyards, nous raconte le quotidien de ces combattants de l'ombre.
L'esclave de Dieu
2236/6
Le versant du soleil
3480/9

GEDGE Pauline
La dame du Nil
2590/6
L'histoire d'Hatchepsout, reine d'Egypte à 15 ans. Les splendeurs de la civilisation pharaonique et un destin hors série.

Grands romans

GEORGY Guy

La folle avoine
3391/4
Le petit soldat de l'Empire
3696/4
L'oiseau sorcier
3805/4

GOLDSMITH Olivia

La revanche des premières épouses
3502/7

GOLON Anne et Serge

Angélique
Marquise des Anges
2488/7

Lorsque son père, ruiné, la marie contre son gré à un riche seigneur, Angélique se révolte. Défiguré et boîteux, le comte de Peyrac jouit en outre d'une réputation de sorcier. Derrière cet aspect repoussant, Angélique va pourtant découvrir que son mari est un être fascinant...

Le chemin de Versailles
2489/7
Angélique et le Roy
2490/7
Indomptable Angélique
2491/7
Angélique se révolte
2492/7
Angélique et son amour
2493/7
Angélique et le Nouveau Monde
2494/7
La tentation d'Angélique
2495/7
Angélique et la Démone
2496/7
Angélique et le complot des ombres
2497/5
Angélique à Québec
2498/5 & 2499/5
La route de l'espoir
2500/7
La victoire d'Angélique
2501/7

GROULT Flora

Après des études à l'Ecole des arts décoratifs, elle devient journaliste et romancière. Elle écrit d'abord avec sa sœur Benoite, puis seule.

Maxime ou la déchirure
518/1
Un seul ennui, les jours raccourcissent
897/2

A 40 ans, Lison épouse Claude, diplomate à Helsinki. Elle va découvrir la Finlande et les enfants de son mari. Une erreur ?

Ni tout à fait la même, ni tout à fait une autre
1174/3
Une vie n'est pas assez
1450/3
Mémoires de moi
1567/2
Le passé Infini
1801/2
Le temps s'en va, madame...
2311/2
Belle ombre
2898/4
Le coup de la reine d'Espagne
3569/1
L'amour de...
3934/1

HEBRARD Frédérique

Auteur de nombreux livres portés avec succès à l'écran ; son œuvre reçoit la consécration avec Le Harem, *Grand Prix du Roman de l'Académie française 1987.*

Un mari, c'est un mari
823/2
La vie reprendra au printemps
1131/3
La chambre de Goethe
1398/3
Un visage
1505/2
La Citoyenne
2003/3
Le mois de septembre
2395/1
Le Harem
2456/3
La petite fille modèle
2602/3
La demoiselle d'Avignon
avec Louis Velle
2620/4
Le mari de l'Ambassadeur
3099/5

Sixtine est ambassadeur. Pierre-Baptiste est chercheur à l'Institut Pasteur. Opposés, l'aventure les réunit pourtant, au beau milieu d'une révolution en Amérique centrale, et va les entraîner jusqu'au Kazakhstan, en passant par Beyrouth et le Vatican !

Félix, fils de Pauline
3531/2
Le Château des Oliviers
3677/7

Entre Rhône et Ventoux, au milieu des vignes, se dresse le Château d'Estelle, son paradis. Lorsqu'elle décide de le ramener à la vie, elle ne sait pas encore que son domaine est condamné. Aidée par l'amour des siens et surtout celui d'un homme, Estelle se battra jusqu'au bout pour préserver son univers.

3982

R.I.D. Composition 91400-Gometz-la-Ville
Achevé d'imprimer en Europe (France)
par Brodard et Taupin à La Flèche (Sarthe)
le 18 juillet 1995. 1120M-5
Dépôt légal juillet 1995. ISBN 2-277-23982-8

Éditions J'ai lu
27, rue Cassette, 75006 Paris
Diffusion France et étranger : Flammarion